JN233781

革新経営へのミドルの道

長坂 寛

学文社

まえがき

　本書『革新経営へのミドルの道』は，ゲノムやナノテクノロジー（超微細技術）が技術分野の主流になると予測される21世紀のミドルに捧げるガイドブックを意図して出版しました。

　21世紀のキーワードは"変化"です。したがって，経営環境が変化している最中にあって，ミドルは何を頼りに生きていけばよいのか戸惑いがみられるので，そのための規範となるものを示してあげたいとの思いがあります。

　われわれは，戦後からこんにちまでの約半世紀に及ぶ復興期にあって，オートメーション，資本の自由化，一次・二次のオイルショック，繊維や自動車にかかわる経済摩擦など幾多の試練に遭遇してきました。その時，各企業はどのようなマネジメントをおこない，ミドルはどのような行動をとったのでしょうか。いいかえると，はたして時代の変化に適切に対応したマネジメントがおこなわれたといえるでしょうか。

　"変化"の時代とはいえ，「変化させなくてはならないもの」と「変化させてはならないもの」を峻別する見識は大切です。

　本書は，古いことを究めて，新しい知識や見解を得ること（温故知新）と未知の世界に対応することを踏まえながら「理論」と「実践」の結合を意識して執筆したものです。

　いうまでもなく，経営活動における実践は，意識するか否かを問わず理論に即したことが多く，またその方が合理的である場合が多いのです。そのために純粋な理論と理論に影響されない実践が存在することは稀であり，現実には実践から抽出された理論と理論を踏まえた実践が相互に影響し合い，切磋琢磨して有効な働きをしているものと思います。したがって，「理論」と「実践」とが共に，相手を無視したり軽視することは許される事ではなく，相互に利点を摂取する態度が，今後ますます重要になってくると思います。

上記のような観点にたてば，21世紀は"変化"の時代であるとしても，マネジメントが組織構成員の協業のために必要であり，「部下（従業員）を通じて仕事を達成させること」であるならば，少なくとも，部下である人間に対する理解は変えてはならない事の一つであるといえましょう。

　とはいえ，"お客様第一主義"の標榜のもとに多様化している顧客の嗜好にあわせた商品開発をしていくと同様に，あるいはそれ以上に，同一組織にいる人びとの多様化している価値観に共鳴できる感性，感覚と包容力が，これからのミドルに要求される資質だといえます。

　したがって，本書では，まず管理者のあるべき姿を描き出し（第Ⅰ章），基本的な組織とプロジェクト組織づくり（第Ⅱ章）にふれ，プレゼンテーション（第Ⅲ章）の必要性を強調しました。ついで，リーダーシップの資質（第Ⅳ章），なかでもその育成に力点をおいた説明をおこない，経営計画の理論と実践（第Ⅴ章）では管理者全員参画による立案方法を提示して，経営計画それ自体を身近なものに感じてもらえるよう工夫しました。

　目標による管理の理論と実践（第Ⅵ章）では，その重要性にかんがみて理論的背景をやや詳しく記述したのちに実践面での展開方法を具体例にもとづきながら紹介しました。

　人事考課制度（第Ⅶ章）では，考課者としてのミドルの役割と人事考課がいかに動機づけに影響するかを述べ，わが国の現行の人事考課制度に警鐘をならしつつ，パフォーマンス・レビューへの移行を期待した内容になっています。

　終章（第Ⅷ章）は，ミドルの最大責務である部下（従業員）育成の一例として，新入社員研修のモデルを紹介し，その他のOJTの際にも役立ててもらいたいとの願いをこめてあります。

　このような形で本書が出版できるのは，ひとえに経営学の泰斗・佐々木吉郎博士から学部と大学院を通じて7年間にわたり経営学の真髄を教えて頂いた幸運とスタンレー電気株式会社の創業者・北野隆春氏から頂いた恩顧の賜物であります。

それらのご縁によって，学界に連なる諸先生，先輩，同僚や会社関係の方がたとの交遊ができ，今日にいたっていることは，かけがえのない財産であると感謝している次第です。

　最後になりましたが，本書の刊行に際して誠心誠意ご尽力して下さった学文社・社長の田中千津子氏に対して，心より御礼を申しあげます。

＜付記＞

初出は，以下の通りである。

・「リーダーの資質と道徳の徳目」（森隆夫編著『校長のリーダーシップ学』〈講座・校長第1巻〉ぎょうせい　1993年）
・「経営計画の理論と実践」（大坪檀・青山英男編著『情報社会と経営』文眞堂　1998年
・「目標管理制度の理論と実際」（労働法令協会編『目標管理制度運用の実際』（上）労働法令協会　1967年
・「わが国の人事考課制度に関する考察」（佐橋柳一・阿部實編『昨日・今日・明日　実践経営録』　学文社　1995年

2001年5月

長坂　寛

目　次

I　管理者論の確立と管理者育成 ——————————————1
1. 21世紀に生きる管理者の条件 ——————————————1
2. 管理(者)の重要性 ——————————————7
3. 管理とは？　管理者とは？ ——————————————9
4. 管理者の役割 ——————————————11
5. 管理機能のとらえ方と管理者不在 ——————————————14
6. 期待される管理者像 ——————————————16
7. 育成困難な資質とその育成法 ——————————————18
8. 希求すべき体験的資質 ——————————————20
9. 「場」の違いによる管理者の資質 ——————————————22
10. 専門管理者を育成する途 ——————————————24

II　経営組織とプロジェクトチーム ——————————————31
1. 無数にある組織の定義 ——————————————31
2. 組織は共通原則で構築 ——————————————32
3. 新しい二つの組織原則 ——————————————35
4. 機能別組織の弊害 ——————————————37
5. コンティンジェンシー理論 ——————————————40
6. 事業部制について ——————————————43
7. プロジェクト組織 ——————————————43
8. マトリックス型組織の利点 ——————————————45
9. プロジェクト組織導入の壁と問題点 ——————————————47
10. 実践的プロジェクトチームのつくり方と運営のQ＆A ——————————————49
11. 等高線型の組織図 ——————————————54
12. TPO型組織に着目を ——————————————56

Ⅲ プレゼンテーションの効用と発揮方法 —————59
1 管理者に必要なプレゼンテーション能力 —————59
2 プレゼンテーションに関する定義 —————61
3 国際化がプレゼンテーションを要求 —————64
4 プレゼンテーションを成功させる条件 —————66
5 非言語メッセージの重要性 —————73
6 プレゼンテーションの留意点 —————77
7 プレゼンテーションに有用なヒント —————84

Ⅳ リーダーシップの資質と育成 —————88
1 リーダーシップに関する考察 —————88
2 リーダーの資質育成の手懸かり —————95
3 リーダーの資質育成策 —————99
4 道徳の徳目と育成策 —————103

Ⅴ 経営計画の理論と実践 —————109
1 経済計画不要論 —————109
2 経営計画論の概要 —————116
3 経営計画論についての考察 —————119
4 わが国における経営計画の普及状況 —————124
5 経営計画立案の実践 —————129

Ⅵ 目標管理制度の理論と実践 —————137
1 「目標による管理」のとらえ方 —————137
2 生活型「目標による管理」の意義 —————139
3 「目標による管理」導入の時代的背景 —————143

  4 「目標による管理」の理論的背景 ——————————— 143
  5 S社の「目標による管理」の実際 ——————————— 151
  6 「目標による管理」の効果と将来性 ——————————— 162

Ⅶ 人事考課制度の運用と問題点 ——————————— 167
  1 人事考課とは何か ——————————— 167
  2 人事考課がもたらす諸問題 ——————————— 169
  3 評価項目の検討 ——————————— 171
  4 人事考課の留意点 ——————————— 176
  5 人事考課の修正権 ——————————— 179
  6 人事考課の数値化 ——————————— 181
  7 人事記録による評価 ——————————— 183
  8 必要な社員像の確立 ——————————— 184

Ⅷ 新入社員の鍛え方——新入社員研修のモデル ——————————— 185
  1 卒業おめでとう ——————————— 185
  2 私のモットー ——————————— 186
  3 心に残る先輩のことば ——————————— 187
  4 職業観の確立を目指せ ——————————— 189
  5 学生（学校）と社会人（会社）の相違 ——————————— 192
  6 時間管理 ——————————— 193
  7 好感人間になろう！ ——————————— 194
  8 事務は"字務"と心得よ ——————————— 195
  9 自分自身に投資せよ！ ——————————— 196
  10 ほうれんそうと念のため ——————————— 197
  11 自社を知ろう ——————————— 198
索　引 ——————————— 199

I 管理者論の確立と管理者育成

1　21世紀に生きる管理者の条件

　今世紀はIT（情報技術）革命によって幕があけた感がある。IT革命が既存産業に与える影響は大きく，事業・取引・雇用の形態が根底から変えられると予想されている。たとえば，コンピュータとネットワークの発達は流通業に新しい市場を提供し，電子取引によって金融業のあり方もかわってくる。また，IT革命はグローバル（地球的規模）化を促進するので，生産と販売を分離してアウトソーシング（業務の外部委託）を選択する機会が増加する。さらに生産方式も無人化する。

　しかしIT革命の本質は，情報通信の発達を加速させる一方，新しい情報産業を創造するところにあるといわれている。その代表例としては，ネットワークとフットワーク（生物的活動）[1]を融合したネフットワーク（生命技術）革命があり，その具体例として筆者は生命の設計図であるヒトゲノム（人間の全遺伝情報）の解読によって創出される産業を思いうかべるのである。

　このように管理者たる者は，21世紀がどのような時代になるかを見極めて，自分がよって立つところの企業が国際環境，産業構造，技術革新，さらには価値感などの変化に対して鋭敏な反応を示し，適切な対策を講じなければならない。そのためにもIT革命につぐ21世紀を特徴づけるキーワードとして，「文化」と「M＆A」を，さらにわが国においては，「少子・高齢化」があることを理解すべきであろう。「文化」については，世界政治の分野と企業における分野の両面から考察する必要がある。

　世界政治の分野をみると，従来はイデオロギーによって自由民主主義国家，共産主義国家，独裁主義国家が形成されていたが，現在はイデオロギーや政治，経済によって国家が形成されているのではなく，"文化の違い"によって形成

されつつあるといえる。

　その上，共通の文化をもった国家同士はよく理解しあい，信頼しあう傾向がある。それに反して敵対関係が生じやすいのは，文化がいちじるしく違う国家間なのである[2]。前者の例としては，旧西独と旧東独，英国とEU，中国と台湾，韓国と朝鮮民主主義人民共和国があり，後者の例としては，旧ソ連，旧ユーゴスラヴィアやボスニア・ヘルツェゴビナのように分裂するか，さもなければウクライナ，ナイジェリア，スーダン，インド，スリランカなどの激しい緊張にさらされている国をあげることができる。このことから，文化的に類似する国ぐにには経済的にも政治的にも協力しあうという傾向に注目して世界動向をみる必要を感じるのである。

　一方，企業における文化は，つぎに説明するキーワードの「M＆A」に関連するのであるが，外国企業はもちろんのこと国内企業同士の合併・買収時によって顕著になるのが，両社の経営文化の違いである。それは，「文化の差」を抱え提携発進した日産とルノーにおいても，また独米の合併で誕生したダイムラークライスラーにおいても明らかである。

　なお，企業に関わる「文化」の用語は，「経営文化」「企業文化」「組織文化」など論者の視点によってさまざまな使い方がされているが，ここにおいては経営文化とは，「同一組織内の構成員が共有する理念，価値，思想，信念，行動規範，行動様式である」と一応定義して論を進めることにする。その他，経営文化が注目されるのは，企業の海外進出や不祥事件が起きた場合であり，個人的には転職した時である。企業の海外進出は，必ず母国と進出相手国の文化の相違を意識させるので，その相違に対応する経営をしなければならない。すなわち，自国の規則，制度，習慣などを一方的に押しつけるのではなく，相手国の文化を理解し尊重し，"郷に入れば郷に従え"が肝要であることを知るべきである。

　一方，企業の不祥事件との関連で経営文化をみると，たとえ不祥事件の防止策として企業倫理綱領や諸規定が制定されたとしても，当該企業の根底に流れ

る，あるいは固有の従業員の習慣，行動様式，物の感じ方，価値感など，いわゆる基層文化が変化しなければ本当の防止も規制もできないことを知れば，その真意が理解できるはずである。

転職には現役中もあれば天下りを含めた第二の人生もあるが，転職先がたとえ同業であっても規模の違い，同規模でも業種の違い，オーナー会社と専門経営者会社などでまったく経営文化が違うので困惑することは必至である。

おわりに，経済と文化の関係について確認しておこう。歴史的にみると，経済の繁栄が文化を醸成してきたことは事実であるが，「文化は産業であり，産業は文化である」という考えから「21世紀は文化が経済を育成する」と文化重視がさけばれている。さらに，「文化が先導役になる文化資本主義が到来する」と予測されるところから「21世紀の経済競争は技術力と文化力の総合力で決まる」[3]とさえいわれていることに注目しておきたい。

このように，21世紀を生き抜く管理者は，「文化」が企業をかえる要因となり，「経営文化」が人，物，金，情報（サービス）につぐ第5の経営資源であるとの認識をもってマネジメントにあたらなければならない時期なのである。

IT革命は，政治，経済活動のグローバリゼーションを促進し，メガコンペティション（大競争）時代の到来を呼び込んだきらいがある。その特徴的現象として，世界的な企業の合併・買収(Mergers ＆ Acquisitions＝M＆A)の潮流をあげることが適切である。企業のM＆Aの世界的規模は，1999年は約3兆3,200億ドルを記録し，この傾向は2008年ごろまで続くとみられている。

米国の場合，1999年のM＆A総額は1兆7,200億ドルを超え7年連続の過去最高を更新した。その代表例は，米通信最大手のAT＆Tが米CATV(ケーブルテレビ)大手のメディアワンを，米メディア大手バイアコムが米CBSを，また米長距離通信第二位のMCIワールドコムが同第三位のスプリントをそれぞれ買収したことである。同様に欧州のM＆A総額は，1999年は1兆2,000億ドルで，前年比倍増の勢いである。

一方，わが国が関係するM＆Aも急増しており，1999年の取引金額は約7兆

円に達し，件数は1,160件になった。その代表例としては，仏ルノーによる日産自動車への資本参加，日本たばこ産業による米RJRナビスコの海外たばこ事業の買収，富士銀行による安田信託銀行の増資引き受けなどがあげられる。

このようにわが国においてM＆Aが日常茶飯事に行われるようになったのは，公正取引委員会が企業合併に関する独占禁止法の運用を明示した「企業結合ガイドライン（指針）」を公表したことと「日米包括協議―投資・企業間関係作業部会」の報告内容が影響していると思われる。

「企業結合ガイドライン（指針）」の内容は，中小企業のM＆Aの届け出義務の撤廃，中堅・大企業の場合には合計の市場シェアが25％以下で業界順位が首位にならない場合は無審査とすることを1999年1月1日付で実施した。また，「日米包括協議　投資・企業間関係作業部会」の報告は，米企業による日本企業の合併・買収(M＆A)を促進し，停滞している日本企業・経済の構造改革につなげるという内容を，日米両政府で7年にわたり協議してきたものである。その要旨のうちM＆Aに関連する箇所のみを抜粋すると，つぎのとおりである[4]。

企業の合併・買収（M＆A）

日本でのM＆Aは，米国などに比べ少なかったが通信・金融を中心に増加傾向が出てきた。

持ち合いとコーポレート・ガバナンス

日本独特の企業間の株式の持ち合いがM＆Aを複雑にし，コーポレート・ガバナンスも損ねている。日本政府は，年金など持ち合いの解消の受け皿になる法改正を進めていく。

M＆A関連サービス

司法試験の合格者を99年度から年間1,000人程度に増やす。外国法律事務弁護士の資格規定も現在の経験5年から3年に短縮するなど緩和する。このような動向に応呼するかのように，国内の有力企業15社が株式交換を利用した企業のM＆Aを進めやすくするために，米ニューヨーク証券取引所に上場することを準備しはじめていることは注目に価する。

しかしながら，管理者に心しておいてもらいたいことは，M＆Aがけっして大企業の専管事項であると思い等閑視してはならないことである。今やM＆Aの対象として，業種，売上高，資本金，従業員数，所在地などに関係なく，"弱肉強食"のとおり各経営者は自社が虎視眈眈（こしたんたん）と狙われている可能性があることを確認し，日々のマネジメントにあたる必要があるのである。なぜならば，経営計画や業績予想にM＆Aに必要な相当資金を計上したり，またその旨を発表する企業が最近増えているからである。

　わが国の場合，21世紀に直面する重要な課題は，さらなる「少子・高齢化の時代」を迎えることである。少子化は，合計特殊出生率（1人の女性が15～49歳の間に出産する子ども数）が1952(昭和27)年から1974(昭和49)年までの22年間は2.0人以上を維持していたが，これが，1995(平成7)年には1.42人にまで落ち込み，以降1.34人前後になっていることに原因している。その結果，生産年齢人口(15～64歳)は，2050年には現在の6割にあたる5,500万人になると予想されているので，労働力不足の到来とともに年少人口と老年人口に対する扶養と介護の両面での社会経済負担が増大することが危惧されているのである。

　一方，高齢化社会とは総人口に対する65歳以上の老年人口の割合が7％以上を超えた状態をいうのであるが，わが国の場合，1970(昭和45)年にそれが7％を超え，21世紀初頭の10年間に約22％，すなわち国民4～5人のうち1人が，65歳以上の老人が占めると予測されている。このような労働市場に直面する管理者としては，ITによる無人化経営を工夫すると同時に高齢者と女性の戦力化と外国人労働者の導入を視野に入れなければいけない。さもないと，"労働力不足倒産"ないし"人材不足倒産"を生じかねないからである。

　21世紀に生き残れる管理者は，21世紀の変化に適応しながらつぎに示す条件を最低限満たしていなければならない。

☆　管理者は自信をもって注意し，叱責し，指導しなければならない。
　管理者は，組織単位の長（責任者）としての職制上の立場から，構成員である

部下従業員を業務目標を効率よく達成するために，ムリ，ムダ，ムラをなくすようにリードしなければいけない。その過程で，よい結果に対してほめることは大切であるが，その逆にミス，遅れ，あやまりに対しては自信をもって指摘し，堂々と注意し，叱責し，指導することが大切である。それは，職制上期待されているマネジャーシップを発揮するための職責であり，当然の措置なのである。

☆　管理者は部下を指導する資格があるのか。

「管理者は部下を通じて仕事を達成させる人」と定義するならば，管理者は部下を指導するのは当然の役目であるといえるだろう。しかし，「他人を指導する」ということは，言葉でいうほど簡単なことではない。

管理者は職制上，一定の権限，権威を有するので，部下がその指導に素直に応じているようにみえる場面があるかも知れないが，その本心は不本意である場合が多いのである。したがって，権限や権威によるのではなく，実力（専門知識）と人間的魅力のある管理者だけが「他人を指導する」資格があるといえる。"部下は上司の背中をみて育つ"ので，管理者自身，自分をみつめ直し，自己評価し，自己啓発に励み，社内外の人びとから高い評価がえられるよう研鑽しなければならないことは自明の理である。

☆　部下は，上司を選べないことに気づくべきである。

上司はローテーションの機会を利用して，ある程度好みの部下を配下にすることができるが，部下は自己申告制度を利用して，それが認められる以外は原則として薫陶をうけたいと思う上司のもとには勝手にはいけない制度になっている。したがって，部下の中には心ならずも上司の指示に従っている人がいることに気づくべきである。その上でビジネスパーソンの幸せは，収入の多寡ではなく，優れた上司との邂逅と良い仕事との出会いであることを知るべきである。

☆ 管理者は，自分自身はもちろんのこと部下の指導に際して，マンネリ化，前例踏襲主義を徹底的に排除して，前例，慣例に新たなアイデアをプラス（付加）することを奨励しなければならない。さもないと，マネジメントによる付加価値を創出することは不可能である。したがって，"遅れず，休まず，働かず"のいわゆる三ズ主義は論外なのである。

☆ 管理者は部下，特に知識従業員をひきつけるためには，満足感が与えられ，楽しさが感じられる職務を与えなければならない。ビジネスパーソンは，誰でも，職場で過ごす時間や時期は人生で最もよいときであるので，仕事自体からえられる楽しさや達成感，そこでえられる自己成長感など，いわゆる「内発的報酬」が最大の魅力になるのである。

☆ 管理者は，部下に栄養(情報)と光(夢)を与える役割がある。
　管理者は職制上，部下よりも多くの情報をもっているので，その情報の共有をはかるとともに管理者自身がもっている夢を達成しようとする意気込みは部下に仕事の面白さを伝える力となるのである。したがって，部下に対して栄養となる情報と光(希望)となる夢を与えることが必要なのである。
　そのため，このマネジメント・パワーを形成している管理者の資質の良否や動機づけが，従来からいわれている資本力，営業力，技術開発力などよりもはるかに企業格差を生む要因になっているとする認識が「管理者論」の確立を要請している。そこで，管理者の概念や法的地位の曖昧さがある中で，現代の「経営と管理の分離」現象に着目しつつ，マネジメントの担い手である管理者としての役割，管理機能，管理者の資質，育成を中心に論述することにする。

2　管理(者)の重要性

　まず最初に，管理(者)の重要性がいかに大きいかを先達のことばから学ぶことにしよう。

フランスの炭鉱経営者であり，管理論研究者であるファイヨール（Henri Fayol）は，「……1888年には管理機能のやり方に変化が起こった。そして，そのほかにはなんの変化もなく，不利益を伴う要素はその重さを減少することもなかったのに，事業は繁栄を取り戻し，それ以来大規模化することを止めなかった。同一鉱山，同一の工場，同一の財源，同一の販路，同一の取締役会，同一の従業員であったにもかかわらず，ただ管理の新方式のみによって会社は衰運への歩調と同じ早さで上昇した」[5]といっている。

元GE社長のコーディナーは，「マネジャー・マネジメントよろしきをえれば，50%の収益増は可能である」といっていることにも注目したい。

ドラッカー（Peter F. Drucker）は，「マネジャーこそ最も高価な資源である」と管理者の存在，役割を高く評価している。間宏教授は，企業内の管理的側面での実力者であるミドル・マネジメントを「経営官僚」と名付けてつぎのように説明している[6]。「それではなぜ，管理者とか，ミドル・マネジメントという言葉を用いないで，わざわざ経営官僚という言葉を用いるのか。これまでの経営組織論の多くは，経営技術論的な立場，あるいは経営機能論的な立場に立っていた。それに対し，ここでは，経営構造論，あるいは経営勢力論的立場を重視したいからである。」「結論からいえば，現在の日本の大企業には，三つの主要な勢力中枢がある。それは，経営者と経営官僚とそして労働組合である。」「このように，経営官僚は，企業の巨大化と近代化の過程で生じた行政事務，つまり管理業務の多様化と専門化に伴って生まれ，その進展とともに育っていく。かれらの勢力は直接的には，専門的知識と管理能力，一言でいえば頭脳である。また，間接的には，労働組合に対しては，経営者の権力を借り，経営者に対しては，労働者の権力を借りることによりもたらされる。いわゆるキャスティング・ヴォートを握る少数第三党の地位にある。」すなわち，「経営官僚」とは，第三勢力を形成するほどのマネジメント・パワーを有し，究極のところ，「専門的知識と管理能力，一言でいえば頭脳」集団として高く評価しているのである。鄧小平は，来日の際の工場見学の感想として，「生産は管理すること

が重要である」ことをもらし、国内での講話において、「幹部の管理の水準をたかめなければならない」ことや「企業の管理秩序を整頓する」必要性を訴えている。

　上記にみる先達のことばで明らかなとおり、管理(者)の重要性は十分認識できたものとして、それを裏付ける根拠ないし理由は、つぎのように説明できると思う。すなわち、狭義のマネジメント・パワーとは、全管理者の有する資質、能力、行動力、指導力、知力、体力、気力などの集積であると規定すると、人数においてトップ・マネジメントより多く、資質において一般従業員よりも優秀な管理者のそれは企業内での影響力は想像以上に大きい、と。

3　管理とは？　管理者とは？

　管理と管理者とは不可分の関係である。そこで管理とは何かを説明すると、「管理」とは「作業」に対比して使われる概念であり、「作業」とは「自ら仕事を達成すること」を意味しており、「管理」とは「人(部下)を通じて仕事を達成すること」(getting things done through the people)と定義できる。

　続いて、「管理者」を定義すると、「分業と協業の結節点で『管理』を主たる仕事とする人」といえる。なお、管理者に対する一般的な認識は、「管理職とは事務を管理する職、またはその人、係長・課長以上をいう」[7]とする国語辞典の定義に近いのは興味深いところである。しかしこの定義にしたがえば、管理職に係長が含まれることになり、また課長以上となると取締役までをも包含することになり、その範囲が広過ぎる感があり、概念が曖昧になってしまうのである。

　そこで経営学辞典をひもとくと、「管理職とは、企業その他の組織体において、その組織構造の長として管理(management)を専門とする職位群(professional managers)のことである。(中略)通常、管理職と呼ばれているのは、中間管理層(ミドル・マネジメント)としての部課長級をいい、組織上その下の階層である監督者層(ロー・マネジメント)を含まない。」[8](傍点筆者)と、定義され

ている。すなわち，この経営学辞典では，部長・課長を管理職といい，その部長・課長の副・補佐・代理・格をも意味しており，その反面，係長は含まないし，取締役をその範囲に入れないことを明確にしている。

このように，管理職に対する国語辞典的と経営学辞典的な定義があることを指摘した上で，ひとまず経営学辞典による解釈にくみすることを勧めたい。さらに，より厳密に管理職を定義するために，わが国の法律ではどのように規定しているかを，労働組合法，労働基準法，労働者災害補償保険法，雇用保険法，健康保険法，厚生年金保険法を中心に調べた結果は，図に示したとおりである。

すなわち，労働組合法第2条但書1号では特に「役員，雇入解雇昇進又は異動に関して直接の権限を持つ監督的地位にある労働者及び使用者の労働関係についての計画と方針とに関する機密の事項に接し，そのためにその職務上の義務と責任とが当該労働組合の組合員としての誠意と責任とに直接にてい触する監督的地位にある労働者その他の使用者の利益を代表する者の参加を許すもの」とによって管理職を定義しているとみなすことができる。

また，労働基準法第41条2号において，労働時間，休憩及び休日に関する同法の〈適用の除外〉をうけるものとして，「事業の種類にかかわらず監督若しくは管理の地位にある者又は機密の事務を取り扱う者」と規定しており，これはとりもなおさず管理職を意味している。このように，労働組合法および労働基準法は主として労働組合員か非労働組合員かを区分して規定しているので，

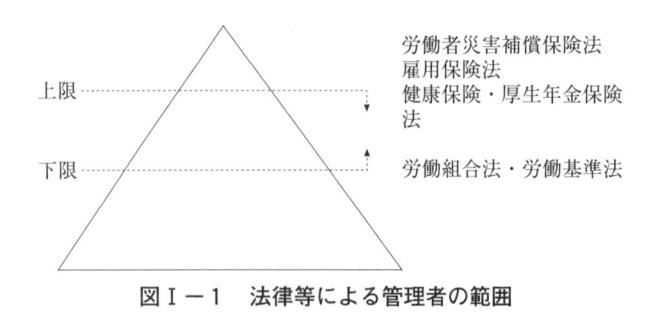

図Ⅰ-1　法律等による管理者の範囲

上限 …… 労働者災害補償保険法　雇用保険法　健康保険・厚生年金保険法

下限 …… 労働組合法・労働基準法

一般従業員と管理職との境界を明示しているといえよう。

　一方，労働者災害補償保険法，雇用保険法，健康保険・厚生年金保険法では，その法律を適用できる資格の有無から経営者と管理職との境界を画しているとみなすことができる。すなわち，労働者災害補償保険法では，「法人の取締役，理事，無限責任社員等の地位にある者であっても，法令，定款等の規定に基づいて業務執行権を有すると認められる者以外の者で，事実上，業務執行権を有する取締役，理事，代表社員等の指揮・監督を受けて労働に従事し，その対償として賃金を得ている者は，原則として労働者として取り扱う。」(昭34・1・26　基発48号通達)

　また雇用保険法では，「取締役は原則として被保険者としない。取締役であって同時に会社の部長，支店長，工場長等従業員としての身分を有する者であって，雇用関係ありと認められるものに限り被保険者となるものであり」，当然のことながら「代表取締役と監査役は被保険者とならない」(業務取扱要項)と規定している。

　さらに健康保険・厚生年金保険法では，「常勤の会社重役が，会社の機関たると同時に，他面において，部長，課長，支店長，工場長等の使用関係にある場合は，被保険者とする」(昭19・6・29　保受9号通達)，つづいて「法人の理事，監事，取締役，代表社員及び無限責任社員等法人の代表者または業務執行者であって，他面その法人の業務の一部を担当し，法人から労務の対償として報酬を受けている者は，被保険者とする」(昭24・7・28　保発第74号) と規定している。

　以上のとおり，管理職に関連ある法律の条文を考察した結果，管理職の法制上の地位，すなわち法律等による管理職の範囲が描かれるのである。

4　管理者の役割

　管理者の役割とは何か，を考える場合重要なことは，「管理の対象は何か」を明確に認識することである。もちろん，すでにみてきたとおり，「管理とは，

人(部下)を通じて仕事を達成すること」とか，また「管理者とは，分業と協業の結節点で『管理』を主たる仕事をする人」という定義とは無縁であるわけではないが，端的にいって，その一つは人(部下)であり，二つめは仕事(業務)である。そのために，管理者教育の共通項目として，JSTやMTPの中心的テーマに部下の育成，リーダーシップ，仕事の管理，仕事の改善などが取り扱われていることが了解されるであろう。たとえ仕事(業務)の内容は，組織ごとにちがったとしても，その進め方，計画の立て方，チェックの方法，報告の時期および方法等々の原則は共通であるという認識であり，それはまた正しいと思われる。

「管理の対象」は，人(部下)および仕事(業務)であると簡潔に絞り込んだ理由を正当化する根拠の一つに，アメリカの心理学者・ブレークの「マネジアル・グリッド・アプローチ」[9]をあげておきたい。

ブレークは，管理者は「業績に関する関心」と「人間に対する関心」の双方をもたなければならないという。そして，X軸に「業績に関する関心」，Y軸に「人間に対する関心」をとり，それぞれ9等分し，(1，1)を不毛のマネジメント，(1，9)カントリーマネジメント，(9，1)タスク・マネジメント，(5，5)中庸のマネジメント，(9，9)チーム・マネジメントと名付けている。いうまでもなく，管理者は「業績」にも「人間」にも最大の関心をはらい適切なマネジメントをおこない，しかも両者がバランスよく効果をあげなければならないという難しさがある。その点からいえば，(1，1)型の管理者は論外としても，(1，9)型の管理者は仲良しグループのリーダーとしてはよいものの，業績に対する関心は極端に低過ぎるし，(9，1)型の管理者はその逆に仕事一辺倒で"鬼軍曹"の異名はたてまつられるものの，長期的，平常時のマネジメントのあり方としては問題を残す管理者であるといえる。

それらの型（タイプ）の管理者に比較して，(5，5)型の管理者は業績および人間に対して中庸ながらバランスよく関心を寄せており，教育訓練次第では有能な管理者に育成される可能性を秘めているともいえる。いうまでもなく，

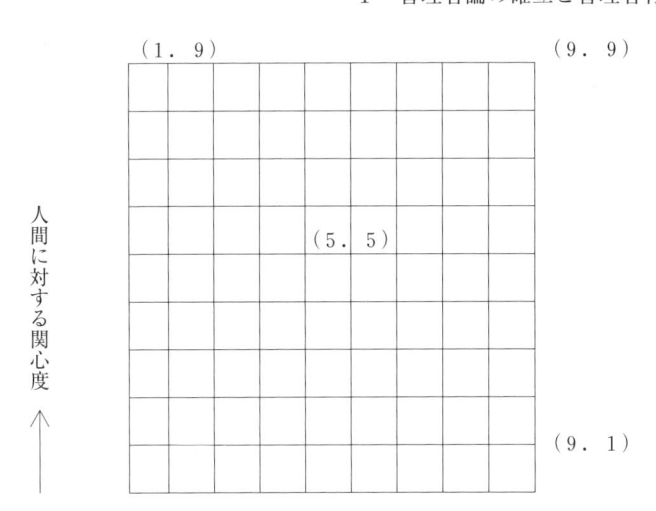

Ⅰ　管理者論の確立と管理者育成　　**13**

図Ⅰ-2　マネジアル・グリッド

縦軸：人間に対する関心度
横軸：業績に対する関心度
プロット点：(1.9)、(9.9)、(5.5)、(9.1)

（9，9）型は理想の管理者であるが，ブレークはこの型（タイプ）の管理者を指して，「仕事に打ち込んだ部下によって業績が成し遂げられる。組織目的という"一本のスジ"をとおして各人の自主性を守られ，信頼と尊敬による人間関係ができあがる」状態にできる人だといっている。

　管理者は，「人（部下）を通じて仕事（業務または業績）を達成すること」を任務としている人だけに，管理能力，管理機能，職務機能，管理対象，目標について，その内容ならびに主旨を十分理解する必要がある。

　すなわち，管理能力には，考える，評価する，指導する，相談する，決定する，助言する，研究する，観察するなどが含まれている。また，管理機能としては，ここでは計画，組織，指揮，統制，調整，創造，改善，動機づけをあげておくことにしよう。職務機能には，研究開発，経済企画，製造，販売，経理，人事，QC，総務などがあるが，管理対象を細分割すると，部下，資金，資材，施設，方法，時間，技術など広範囲に及ぶのである。しかしながら，管理の終局目標は，個別目標，集団目標，部門目標，事業目標を達成することにあるこ

とを片時も忘れてはならないのである。

5　管理機能のとらえ方と管理者不在

　管理機能の職能区分については，管理過程学派に属する論者においても諸説紛々としており，その状態は表に示すとおりである。この表で明らかなとおり，その論者も管理過程学派の創始者と目されるファイヨールの見解である，計画，組織，命令，調整，統制の五機能を踏襲したうえで独自の見解を付加しているとみなすことができる。

　この点に関して藤芳誠一教授は，「1960年の半ばごろから，伝統的マネジメント理論を支持する研究者も，マネジメントの機能に，革新機能（innovation function）や創造機能（creating function）そして意思決定機能（decision making function）などを追加して，環境変化に積極的に適応していけるマネジメント理論への脱皮をはかっている。ミー（J. F. Mee）やマッシー（J. L. Massie）や

表Ⅰ-1　経営管理過程の職能区分

区分 / 人名	計画	組織化	指令	動機づけ	調整	結合	要員化	伝達	統制	その他
ファイヨール H. Fayol	○	○	○		○				○	
ディビス R. C. Davis	○	○							○	
ブラウン A. Brown	○	○			○				○	
ブレック E. F. Breck	○			○	○				○	
ニューマン W. H. Newman	○	○	○			○			○	
クーンツ H. Koontz	○	○	○		○		○		○	
アレン L. A. Allen	○	○							○	指導
アーウィック L. F. Urwick	○	○			○				○	予測
ヒックス H. G. Hicks	○	○		○				○	○	創造
マッシー J. L. Massie	○	○	○				○	○	○	決定

出典）藤芳誠一『経営管理論』丸善，1970年，p. 43

ヒックス（H. G. Hicks）などはその代表者である」[10]と指摘していることに符合する。

　本節では，論者によって管理機能の職能区分がまちまちであることを承知したうえで，管理機能のとらえ方，すなわち理解の仕方の対象として，ファイヨールによる計画，組織，命令，調整，統制の五機能をとりあげて論じることにする。

　まず最初の計画という職能区分から検討する。ごく平均的な管理者ならば，計画ということばから，時間的観点からは長期計画，中期計画，短期計画を，また，及ぼす範囲ないしは場所的観点からは全省，全局，全課計画あるいは全社，事業部門，部門，課計画を想起するであろう。無理からぬこととはいえ，管理機能のうちの計画であることに気付けば，このようなとらえ方では管理者として不十分であることが判明するはずである。

　なぜならば，平均的な管理者が想起する計画ならば，それは企業にあっては，企画部，計画室，社長室，調査室という名称のゼネラル・スタッフが作成するものである，とする考え方が支配的であるからである。したがって，管理機能の重要な計画でさえも，それは管理者とは直接係わりのないものと一蹴されてしまい，その結果，計画機能を果たさない管理者が存在し，管理者不在論が台頭するわけである。そこで計画機能を，個々の管理者に係わりをもたせながら解釈すると，「部下に対して仕事の段どりをすること」になる。

　つぎの組織化（機能）も同様な筆法で説明することができる。すなわち，一般に組織ということばからは，省・局・部・課・係という職制ないしは組織図を連想しがちなので，組織というと，その機能は人事部，組織部，総務部にあると思い込んでいるきらいがあるので，ここにも管理者不在が生じる危険がある。したがって，管理機能の組織は，「仕事と部下との組合せ，すなわち担当をきめること」であると定義すると理解しやすいだろう。

　命令とても，専制的よりも部下が納得できるような方法が必要である。

　統制は，取締と同義語と解するのではなく，統制のうちに自己統制があるこ

とを知り，そこから目標管理的な手法が有効であることを知るべきである。

五つめの管理機能である調整を検討する場合，フォレット (Mary P. Follet 1868～1933年) の見解は等閑視できない[11]。フォレットによれば，A氏から提案された案(A案という)とB氏から提案された案(B案という)が提出された場合，真の調整とは，A案を採用することでもなければ，あるいはB案を採用することでもないのである。ましてや，A案とB案の折衷案を採用することではない。もしもそのようなことをすれば，A氏にも，B氏にも不満を残し，そのうえ両氏から尊敬されることはないだろう。したがって，管理者がおこなうべき真の調整とは，A案とB案とを統合し，それを超越したC案を作成することにあることを知ることである。

以上のとおり，管理機能のとらえ方いかんによっては，管理者が本来果たすべき機能を果たさないために管理者がいながら管理者がいない，という管理者不在をもたらしているのである。そのために，管理機能の字づらからではない，真のとらえ方がいかに重要であるかが理解できるはずである。

6　期待される管理者像

管理者の役割を自覚し，管理機能を正しく理解できる管理者の資質について検討する。

アーウィック，ティード，バーナード，ストッグディルおよびギップが管理者に必要だとする資質は，つぎのとおりである。

(イ)　アーウィック

　自信，個性，活力，意思伝達力，判断力，聡明

(ロ)　ティード

　肉体的・精神的活力，目的意識と指揮力，熱意，親切と愛情，誠実，技能

(ハ)　バーナード

　体軀，技能，技術，知覚，記憶力，想像力，決断力，不屈の精神，忍耐力，勇気

� ストッグディル

知性，機敏さ，発言能力，独創性，判断力，学識，知識，忍耐力，攻撃性，自信，活動力，社交的能力，共働性，適応性，ユーモアの感覚，たのもしさ，人気

㈲ ギップ

自信の強さ，知性，雄弁，精力的，首尾一貫した態度，人間性への洞察力

上記した資質のすべてを備えている人は稀であり，必要な資質もその発揮される度合いは状況によって異なることはいうまでもない。いいかえると，上記の資質のすべてを備えていることは，無い物ねだりに等しく，それは理想であり，目標であり，"聖者の条件" ともいうべきである。また後者は，リーダーシップの行動説ないし状況説が注目されていることを知れば納得できるであろう。

これらの資質を主体に，管理者の理想像を描いてみるとつぎのようになる[12]。

① 部下の能力や適性を引き出そうとする教育型（57.6％）
② 部下の意見を取り入れて仕事を進める民主型（20.1％）
③ やるべきことをやれば，それ以上干渉しない無干渉型（11.9％）

期待される管理者像は，アンケートや調査などによって描かれる例が多い。今ここでは紙幅の都合によって，その一部を紹介する。

(1) アンケートによる「期待される部課長像」[13]

① 判断力
② 人格（人間的魅力）
③ 実行力
④ 包容力
⑤ 指導力
⑥ ファイト
⑦ 思いやり（愛情・信頼感）
⑧ 責任感

⑨　決断力
　⑩　正義感
(2)　「部下が期待する管理者像」[14]
　①　仕事の手腕があって，てきぱき指導できること
　②　判断力がすぐれていること
　③　決断力，行動力があること
　④　創造力，問題解決力があること
　⑤　信念をもっていること
　⑥　信頼でき，人間的魅力があること
　⑦　全員をまとめる力があること
　⑧　部下の意見を聞き，相談にのってやれること
　⑨　上に強い発言権があること
　⑩　自由に話し合えること

　期待される管理者に要請される資質は，おおよそのところ上記のとおりである。問題は管理者に必要とされる資質の名称(名前)を知ることでも，記憶することでもなく，その内容を熟知したうえで，その資質を高めるようにしなければ解決したことにならない。

7　育成困難な資質とその育成法

　管理者に要請される代表的(大勢の人が取りあげている)な資質である，人間的魅力，決断力，信念，創造力，勇気，忍耐力などはその人自身が生来もっている資質に負うところが大きい性質のものである。

　したがって，管理者教育訓練においては，ともすると管理技法(skill)に重点がおかれ，生来的な資質には目をつぶり，糊塗しようとする傾向がみられるのは残念である。このような観点からみると，管理者のエリート(キャリア)教育の意義は大きく，再評価，再構築する必要性は迫られている。それはさておき，育成をはからなければならないという理由から「経験や学習によって向上でき

る」資質と,「経験や学習によって向上できない」資質とがあることを知り,それぞれに対する方策を講じる必要がある[15]。「経験や学習によって向上できる」資質としては,可能性が高い順に記すると,表現力（93%),正確性（90%),企画力（88%),説得力（87%)などである。

一方,「経験や学習によって向上できない」資質としては,人間的魅力（62%),決断力（49%),信念（45%),創造力（40%),行動力（36%)などが上位を占めている。

このように,「できる」または「できない」資質に区分してはっきりすることは,「できる」資質の育成にあたっては,話し方教室,発表会への参加,OJTによるチェックなどが有効であることが判明する。「できない」資質の育成は,生来的な資質だけに一見その方法がないように思えるが,そのままに放置しておいて優秀な管理者が生まれるわけがない。

特に,人間的魅力は管理者にとって最も重要で総合的かつ包括的な資質だけに,何んらかの手がかりがえたいところであるし,またその努力をしなければならないところである。その考え方にのっとって,人間的魅力をより具体的に増す手がかりとして,本明寛教授のいわれる"好感人間"のバランスシートが見つけられた喜びは大きかった[16]。"好感人間"のバランスシートとは,つぎに表示するように他人に好かれる,きらわれる性質,事柄を対照的に記載したものである。この"好感人間"のバランスシートのうち,好かれる部分を伸ばし,きらわれる部分をおさえることによって,管理者にとって必要な人間的魅力を増大する確かな手がかりがえられるのである。

同様に,管理者にとって不可欠な資質であり,しかも「経験や学習によって向上できない」資質として指摘されている勇気についても,なんらかの向上策の手がかりをえようと模索した次第である。

その結果,㈱リコー元社長・館林三喜男氏のつぎのことばに出会い,大いに啓発されるところが大きかった[17]。多少長文ではあるが,その真意を伝えるために引用することにする。

表Ⅰ－2

好かれる	きらわれる
明るい	暗い
感情をおさえる	カッとなりやすい
忍耐強い	ねばりがない
人を信用する	疑い深い
自分の利害にこだわらない	自己中心的
思いやり	人の感情を害する
計画性がある	はったり，無計画
勤勉	ずぼら

「建仁寺にいた栄西が『人は生まれた時は誰れの心も無垢の仏だが，歳をとるにしたがい，いろいろな欲が出てくる。この欲が本来の仏を覆ってしまう。自分の心にこの欲があることを自覚したとき，その人は欲を無くしたと同じである。この欲を取去ったときに本質である珠玉（仏）が現われるのだ。そして，それは自分の努力でしか引出すことができない。だから修業するのです』といっている。

　勇気をもつということも同じことだと思うんですよ。本来，勇気をもっている人間が，なぜ勇気ある行動ができないかというと，こんなことを言うと人気がなくなるとか，失敗したら責任をとらなくてはならないとかの欲のために勇気が出なくなってしまうのです。

　何百年もたった檜は，真黒な皮をかぶっているでしょう。でも，皮をはいだら中身は真白ですよ。これと同じで黒い皮をはぎとれば勇気が出てくるんです。」

8　希求すべき体験的資質

　理論的には，期待される管理者および優秀な米軍士官に要請される資質が，

わが国の小・中学校の義務教育における「新しい生活」で取り扱っている資質と類似していることから，その他の資質を希求する必要が生じた。

また，体験的にも，教科書的ではない，泥くさいけれども実務的な資質というか，個性，know-how，気配り，特徴が必要だと痛感する。これらを名づけて，＋αの資質という。

たとえば，管理者に必要なことは，「声が大きい」ことも重要なことである。さらには，「他人の上に立つほどの人は，弁が立つか，筆が立つか，そろばんが立たなければならない」ことなど，簡潔ながらポイントをついたことばだと思う。なぜならば，弁が立つとか，筆が立つという意味は，表現力があり，説得力や発表能力に富んでいることであり，そろばんが立つとは，経済計算，すなわち合理的判断ができることであるからである。

また，「人間理解と気力，知力，体力である」という表現も大変理解しやすい。人間理解とは，部下の心を読むことであり，信頼感を増し，人間的魅力の一大要素であるからである。気力，知力，体力とは，自信，活力，熱意，聡明，知性，知覚，記憶力，体軀，攻撃性などの別称だとも考えられるが，一つの熟語めいており語呂がよい。

有力な＋αの資質を模索しなければならないとせき立てられる理由に，元通産省官僚であり作家の元・経済企画庁長官・堺屋太一氏のつぎのことばがある[18]。

彼によれば，「役所内部で一番出世するのは，『問題を起こして解決する人』であり，そのつぎは『問題を起こして解決しない人』が出世し，一番出世しないのは『問題を起こさない人』である」といっている。実はこのあたりに，管理者がさらに希求しなければならない＋αがあるような気がしてならないし，処世術としても研究に値する何物かがあるように思えてならない。それはさておき，筆者が最も＋αとして重視するものは，コマンダースピリット（commander spirits＝指揮官精神）である。ここでいうコマンダースピリットとは，ソルジャースピリット（soldier spirits＝兵隊精神）と対比して用いられる概念であり，部下や一般職員に迎合するような施策や行動をとるのではなく，指

揮官として毅然たる態度で職責をまっとうしようとする精神であり，気構えを意味している。

したがって，管理者育成のポイントは，いかにしてコマンダースピリットを涵養するかにかかっている。これはちょうど，サラリーマン重役に対して，「企業家精神」が求められるのに似ている。

コマンダースピリットが涵養できる環境もしくは前提条件は，管理者自身が，①安定（生活保障），②帰属意識，③機会が与えられている，④認められている，という四つの条件が満たされているという実感が不可欠である。さもないと，部下職員に対して自信をもって組織目的を説明し，勇気を与え，教育して，効率のよい業績をあげさせようとすることは至難の業である。

「上三年にして下を知り，下三日にして上を知る」のことばのとおり，管理者自身が見せかけの自信によるものか，あるいはふら腰であるか，また信念からほとばしる言動であるかは，部下従業員は容易に見破るものなのである。

9 「場」の違いによる管理者の資質

最近の組織論として，コンティンジェンシー・セオリー（contingency theory＝条件適応理論）[19]が注目されている。この理論では，さまざまな職能部門の管理者が身につけるものの見方や仕事の仕方には，三つの具体的な次元があることを明らかにしている。

まず第一に，職能部門が違う管理者たちの間には《特定の目標に対する指向》がどのように違っているかを調べている。たとえば，販売部門の管理者は，自分の目標（たとえば売上数量）とは異なる製造管理者の目標（たとえば製品の原価逓減）に対して，どの程度の関心を持っているだろうか。

第二に注目したいのは，組織の所属部門が違えば，それぞれの管理者の《時間指向》がどのように違っているか，ということである。製品開発技師は，わりあい長期的な問題を取り扱うのに対して，製造部門の管理者は，その日その日の短期的な問題に追われていないだろうか。

第三にわれわれが関心を持ったのは，職能部門の違いによって，管理者がその同僚と交渉する場合の典型的なやり方，つまり《対人指向》の違いであった。所属部門の違いによって，管理者は対人的な交渉場面で，仕事の達成のほうを優先して考えるか，あるいは，同僚との良好な人間関係を維持するほうに大きな注意を払うかという違いがあるだろう。すなわち，《異なる諸職能部門の管理者たちの間にある，認知的ならびに情動的な指向の相違》があることに注目したい。

　各部門の活動を統合する計画について意見がなかなかまとまらないのは，各部門のメンバーの関心やものの見方が違うためなのである。たとえば，製造管理者と販売管理者とでは，それぞれの職責が違うので，個々の製品の最適価格を考える場合でも，見解が違ってくるのは十分考えられる。製造管理者は，価格を高くして製造コストに余裕を持ちたいと考えるだろうし，販売管理者は，価格を安くして販売競争を有利にしようと考えるだろう。

　以上のローレンスとローシュの主張を敷衍していえることは，管理者にとって，"場"という名の環境ないし所属職能部門によって必要とされる職務の遂行能力はもちろんのこと，資質にも違いが当然あることを知るべきである。この場合の"場"とは，水平的展開(ホリゾンタル)であることは論をまたないことであろう。"場"の違いをさらに詳細に，かつ丁寧に論じれば，官公庁と民間企業，官公庁でも中央官庁と地方官庁，中央官庁でも財務省，経済産業省，厚生労働省，農林水産省，文部科学省，厚生労働省，国土交通省等々での管理者に要請される資質が違うはずである。民間企業でも，旧財閥系企業と新興企業，民族資本系企業と外資系企業，上場企業と非上場企業，上場企業でも水産・鉱業，建設・食品，繊維・紙，化学・石油，ゴム・窯業，鉄鋼・金属，機械，電機，輸送・精密，商業・金融，不動産，運輸・倉庫，電気・ガス，サービス業など業種の違いによる管理者のあり方があるはずなので，管理者という名のもとに十把一からげで論じてはならないことが明白である。"場"の違いによる管理者の教育の違いは，わが国の海軍兵学校と陸軍士官学校にもあらわれていた。

「海軍兵学校と陸軍士官学校は、いずれも軍の初級士官教育機関であったが、生徒に対する考え方は基本的に異なっている。

たとえば、入校時の階級は、海兵は下士官の上席で、准士官の次席であった。陸士は兵で入校し、卒業時までに下士官になった。また陸士には、その下位校として陸軍幼年学校が設置されていたが、それが海兵にはなかった。(中略)

生活の日常生活でも、海兵と陸士では大きなちがいがあった。海兵では、上級生と下級生が分隊をなし、生徒の自治制であったが、陸士は、大尉級の区隊長と級長主導の運営であった。もう一つ、海兵の教育は、どちらかといえば、テクノクラート型の専門士官育成にねらいがあった。これに対し、陸士は、国粋思想の強い精神主義偏重の士官教育だった。」[20]

10 専門管理者(プロ)を育成する途

フォーマン・フォークは、「素人は苦しい事態に直面すると狼狽する。だがプロの特徴は『緊急時における有能さ』である。軍人としての特技は、全面的に五里霧中の戦闘のただ中にあって的確な判断を下すところにある」と戦争におけるプロとアマの違いを述べている。ここでいわれている『緊急時における有能さ』こそプロ管理者たるゆえんである。同様に、専門管理者(プロ)と似非管理者との違いについては、つぎのように説明している。

「経営管理の衝に当たる管理者は、建築家が建築工学を知っているように、経営管理の原理、いわば人間工学を知っていて毎日の仕事をしているであろうか。もしそうでないとすれば、日曜大工ならざる日曜管理者、せいぜい『たたき大工』(未熟な大工、仕事がへたな大工の意、筆者注)的な管理者であってとうてい専門管理者といわれない」[21] という。

ところで、わが国の年功序列を中心とした人事制度による自然淘汰的選抜方法では、はたしてここでいう専門管理者の誕生は期待できるものであろうかと不安になる。また、専門管理者を育成する機関が存在するのだろうかと疑問に思える。

I　管理者論の確立と管理者育成　**25**

　欧米にあるハーバード大学，シカゴ大学，スタンフォード大学のビジネス・スクールやINSEAD（欧州経営大学院）などは，その期待に応えうる機関なのだろうか。ひるがえって，わが国のマネジメント・スクールや通信講座，はたまた各種の講習会や企業内教育のプログラム，期間，講師などを調べた範囲では，専門管理者を育成するのだという確固たる信念をもって企画，推進，実施しているとは残念ながら考えづらい。

　このような不満や疑問を解消するために内外の教育機関を調べた結果，当時の欧米の最新技術を導入したうえで，わが国の職業軍人（プロ管理者とみなすことができる）の育成機関として独自の発展をはかった海軍兵学校（以下，海兵と称す）および陸軍士官学校（以下，陸士と称す）に注目するにいたった。そこで，専門管理者育成の参考にするために，海兵と陸士における教育の実態を簡単に紹介する。

(1)　海兵における海軍士官育成の実態

　プロの海軍軍人である海軍士官の養成を目的とした海兵は，明治2年に東京築地に創設された。当初は海軍兵学寮と称し，明治9年に「海軍兵学校」と改称され，以後この名称は，昭和20年10月20日に閉校されるまで変わることはなかった。海兵教育について，校長をつとめた草鹿中将は，「本校教育ノ眼目ハ，要スルニ，戦ヒニ強キ士官ヲ養成スルニアリ」と明言している。さらに，教育の力点はどこにおかれていただろうか。

　「教育ハ実施上コレヲ徳性ノ涵養ト体力ノ錬成トヲ目途トスル訓育ト知識技能ノ養成ヲソノ直接ノ目途トスル学術教育トニ区分ス。

　訓育ハ兵学校ノ最モ力ヲ注グトコロニシテ，実施ノ便宜上コレヲ精神教育，訓練，勤務，体育ノ四ニ分ツ」[22]（以下省略，傍点筆者）という。

　われわれは，海兵の教育力点が「徳性ノ涵養ト体力ノ錬成トヲ目途トスル教育」におかれていたことに，つぎの2点から特に注目しなければならないと思う。

その一つは，68期生の場合，300名の採用人員に対して15,000名の応募者があり，競争率50倍の難関を突破した優秀な若人であること。

　二つめは，加藤秀俊教授がいわれる「軍艦というものは，精巧無比な巨大な機械装置として定義できるだろう。海軍軍人というのは，その機械装置をあやつる技術者である」ことに関してである。すなわち，技術革新の激しい最先端技術を駆使する知的水準の高い人びとに対して，あえて「知識技能ノ養成ヲソノ直接ノ目途トスル学術教育」に重点をおかないように配慮していたことは素晴しい識見だといわざるをえない。

　つぎに，企業に"理想的な管理者像"や"期待される管理像"があるように，海兵には，海軍軍人の生き方を示すのにふさわしいことばとして「五省」があったことは記憶されなければならない。

　　　五省
一，至誠ニ悖(モト)ルナカリシカ
一，言行ニ恥ヅルナカリシカ
一，気力ニ欠クルナカリシカ
一，努力ニ憾(ウラミ)ナカリシカ
一，不精ニ亘(ワタ)ルナカリシカ

　おわりに，海兵では将来の海軍士官，すなわち，プロ管理者になるための心構え，気構えを，生徒たちへの教育の中でどのような形で教えていたか。その一端を紹介すると，つぎのとおりである[23]。

☆　兵隊ノヤウニ一々言ハレント分ランノカ。士官ニナルノナラ少シハ考ヘテ行動シロ。

☆　「貴様ラハ，兵学校生徒ノクセニ，行進モ碌ニ出来ンノカ！」「ソンナザマヲ見タラ，兵隊ガ笑フゾ」

☆　「海軍デハ唯一回デ完璧ヲ期サネバナランノダ，ユックリヤレバ誰デモ確

実ニ出来ル。イイ加減ニヤレバ誰デモ迅速ニ出来ル。誰デモ出来ルコトシカ出来ンヤウデハ，海軍士官ニハナレンゾ」

☆　まず実力養成を旨とせん。誰か実力なき士官に追従する者あらんや。

(2) 陸士における陸軍士官育成の実態

　プロの陸軍軍人たる陸軍士官の養成を目的とした陸士は，明治7年に陸軍士官学校条例が制定され，東京市ケ谷台に設置された。

　陸士教育精神の原点は，明治11年に明治天皇から賜わった「陸軍士官学校開業式の勅語」に凝縮されているといわれている。すなわち，「朕(チンオモ)惟フニ兵ノ強弱ハ士官ノ精否ニ由ル　是此校ノ設ケアル所以ナリ　今ヤ築功峻ルヲ告ク　朕(チン)親(ミズ)カラ臨テ開業ノ典ヲ挙ク　自今(ジコン)良士官ヲ養成シ以テ我陸軍ノ益々(マスマス)進歩スルハ朕(チン)ノ殊ニ此校ニ望ム所ナリ」

　この勅語のうち「兵ノ強弱ハ士官ノ精否ニ由ル」とは，"強将のもとに弱卒なし"を強調し正統化しているところに注目してもらいたい。"強将"たる士官，すなわちプロ管理者である指揮官を，つぎのように位置づけている点は士官育成の目標として明確である。

　「指揮官ハ軍隊ノ指揮ノ中枢ニシテ又団結ノ核心ナリ故ニ常時熾烈ナル責任観念及鞏固ナル意志ヲ以テ其ノ職責ヲ遂行スルト共ニ高邁ナル徳性ヲ備ヘ部下ト苦楽ヲ倶ニシ率先躬行軍隊ノ儀表トシテ其ノ尊信ヲ受ケ剣電弾雨ノ間ニ立チ勇猛沈著部下ヲシテ仰ギテ富嶽ノ重キヲ感ゼシメザルベカラズ

　為サザルト遅疑スルトハ指揮官ノ最モ戒ムベキ所トス是此ノ両者ノ軍隊ヲ危殆ニ陥ラシムルコト其ノ方法ヲ誤ルヨリモ更ニ甚ダシキモノアレバナリ」[24]

　さらに，「指揮ノ要訣」，「指揮ト決心」などは，欧米のリーダーシップ論にはみられないほどの明快な表現であり，参考になる。すなわち，「指揮ノ要訣ハ部下軍隊ヲ確実ニ掌握シ明確ナル企図ノ下ニ適時適切ナル命令ヲ与ヘテ其ノ行動ヲ律スルト共ニ部下指揮官ニ対シ大イニ独断活用ノ余地ヲ与フルニ在リ」であり，「指揮ノ基礎ヲ成スモノハ実ニ指揮官ノ決心ナリ故ニ指揮官ノ決心ハ

堅確ニシテ常ニ鞏固ナル意志ヲ以テ之ヲ遂行セザルベカラズ決心動揺スレバ指揮自ラ錯乱シ部下従ヒテ遅疑ス」とある。

　では，このような役割を期待されている陸軍士官を育成した陸士は，どのような教育方針で臨んでいたのであろうか。

　「陸軍士官学校教育綱領」には，つぎのように謳っている。

　「陸軍士官学校教育ノ目的ハ，帝国陸軍ノ将校ト為ルベキ者ヲ養成スルニアリ

　抑々(ソモソモ)将校ハ，軍隊ノ楨幹，軍人精神及軍紀ノ本源ニシテ，マタ一国元気ノ枢軸タリ　故ニ本校ニ於テハ，特ニ左ノ件ニ留意シテ教育スルヲ要ス

一，尊皇愛国ノ心情ヲ養成スルコト
二，軍人タルノ思想ト元気トヲ養成スルコト
三，健全ナル身体ヲ養成スルコト
四，文化ニ資スルノ知識ヲ養成スルコト

　以上示ス所ハ，実ニ本校教育ノ要綱ナリ（以下省略）」

　このようにして陸軍士官の役割と育成を考える場合，加藤秀俊教授がいう陸軍の集団についての特徴を十分に理解しておくことは大切である。

　「陸軍の戦闘主体というものは，個々の肉体に還元できるのである。さまざまな近代的武器をはぎとっても，個々の肉体という最終的戦闘主体は残る。つまり，機械技術というものがたとえなくなっても，陸軍は存在しうるものなのだ。まさしく，それは農業の原理である。陸軍は，個々の肉体という最小構成単位に微分化することの可能な軍隊なのだ。」[25] 陸軍士官育成の特色あるいくつかの事項を列記しておきたいと思う。

☆　気宇雄大・宏量闊達

　将校生徒教育で一般ともっともちがうところは，気宇雄大にして宏量闊達，豊かな心，大きな胆の持主となれという一本の大きな柱があったことである。

☆　真紅の裏地

　軍服や外套の裏地を真紅にする，一見芸能人好みの派手さのようであるが，これには理由のあることであった。それは，飛弾をうけて血に染まったとき，その血の色に驚かないために真紅の裏地をつけたのである。

☆　水筒の水

　候補生たち，お前たちの水筒の水は，お前たちのものではない。お前たちが将校になって戦場に出た場合，その水は部下，兵たちの今は（臨終）の末期の水である。

☆　毛筆による作文

　授業の作文も毛筆である。これも将校になって戦場で失った部下の家族に対する弔文がペンで書けるものか，と指導された。

☆　行軍中の小休止

　陸士の候補生は，行軍中の小休止では腰を大地におろして休憩はさせなかった。なぜならば，将校はその休止中に連絡，伝達等の指揮をとらなければならないからである。

　いずれにせよ，現在の民間企業，官公庁を問わず管理者の育成にあたって，陸士の教育理念の万分の一でも生かせたらと思うと，いら立ちと忸怩(じくじ)たるものを感じないわけにはいかない。そのためにも，プロ管理者育成のために，三日間の徹夜対話，短時間睡眠，速読術，正確な時間感覚，方位，距離把握能力などが教育課程に実際に適切にとりあげられる必要性を訴えたい。そして本節の結論として，伊藤栄雄中佐（第52期）が将来指揮官となる陸士候補生たちに，「指揮官の無能を部下の血を以て補ってはならぬ」と諭したことばをプロ管理者育成の最終目標にすべきであることを述べておきたい。

注）
1） 石井威望〈生命と通信，融合の時代へ〉「日本経済新聞」1997年10月21日
2） S. ハンチントン著（鈴木主税訳）『文明の衝突と21世紀の日本』集英社新書，2000年
3） 古舘晋〈文化と産業〉「日本経済新聞」2000年12月13日付夕刊
4） 「日本経済新聞」1999年4月21日
5） H. ファイヨール（都築栄訳）『産業並に一般の管理』風間書房，1958年
6） 間宏『日本的経営—集団主義の功罪』日経新書，1971年
7） 新村出編『広辞苑』第二版　岩波書店，1980年
8） 高宮晋編『経営学辞典』ダイヤモンド社，1970年
9） R. ブレーク，J. S. ムートン著（上野一郎訳）『動態的組織づくり』産業能率短期大学出版部，1970年
10） 藤芳誠一『経営管理論』丸善，1970年
11） L. F. アーウィック編（斉藤守生訳）『フォレット経営管理の基礎—自由と調整』ダイヤモンド社，1963年
12） 「リクルート・センターの調査」1977年4月1日
13） 大野力・脇田保『日本の課長』ダイヤモンド社，1966年
14） 日本経営協会『現代経営講座—管理者コーステキストブック（第六単元）管理者の自己革新—』
15） 日本経営協会「中間管理者に対する経営者の意識調査」
16） 「日本経済新聞」1977年6月4日
17） 館林三喜男『館林語録に学ぶ』（株）リコー，1977年
18） 牛窪浩『課長の条件』東洋経済新報社，1979年
19） P. R. ローレンス，J. W. ローシュ著（吉田博訳）『組織の条件適応理論』産業能率短期大学出版部，1977年
20） 松浦敬紀『終りなき海軍』文化放送，1978年
21） 横田光四『部長・課長・係長』池田書店，1958年
22） 乾尚史『海軍兵学校ノ最期』至誠堂，1975年
23） 同上
24） 「作戦要務令」綱領　指揮官ト軍隊オヨビ「戦闘綱要」綱領第10
25） 「文明としての『海軍』」『諸君』1976年9月号

Ⅱ 経営組織とプロジェクトチーム

1 無数にある組織の定義

　組織に対して各人が抱くイメージは，さまざまである。

　組織ということばから機械装置，細胞，歯車，石垣，軍隊など，どちらかというとハードウエアともいえる構造(ストラクチャー)を連想する人がいる。

　一方では，組織ということばから権威，権力，忠誠，強制など，神経系統ともいえるソフト面を連想する人もいる。前者は，組織を建築中の鉄筋や鉄骨からなる構築物や公園にあるジャングルジムのような骨組み(フレーム・ワーク)と想定している。それに反して後者は，構築物に付帯する電気配線，給排水管，電話線など，その構造物を機能させるための神経や血管に組織を見立てている。

　両者の違いは，組織を構造(器)とみるか，その組織に所属する人びと(中身)に重点をおくかによる。

　いずれにせよ，組織に対するイメージは，可視できる組織図による影響か，さもなければ，官公庁，企業，病院，軍隊，教会などの実体を通じて描かれる場合が多い。そのため組織を組織図からイメージしている人びとに対して，平面的に机が配置されている職場を指して，組織自体を，さらには指揮系統や仕事の流れを理解させることは至難のわざである。

　組織をこのように考察してくると，組織とは本来，大勢の構成員を整然と包みこむ，目にみえない網状のようなものだといえそうだ。いいかえると，組織図，職務分掌規定，決裁権限規定などの諸規定が，構成員を結びつける作用をしているので，いかにそれらの存在が大きいかを再認識しなければならない。

　それでは，どのような契機で組織がつくられるか，すなわち組織化(organizing)されるかをみてみよう。J.D.ムーニー(『組織の諸原理』1937年)に

よると，一人の人が動かすのには余りに重すぎたり，かさ張りすぎている物を動かすために二人の人間の力を合わせれば，そこに組織された努力があり，組織が生まれる，というのである。いいかえると，道路上に進路を妨げるような障害物がある場合，二人以上の人が協力して，その障害物を排除したとすると，そこにはすでに組織が誕生しているのである。

　もう一つの例示をすれば，綱引きがわかりやすいだろう。この競技は同一組のメンバーが，同一方向にベクトルを合わせて力を発揮するのであるから，典型的な組織だといえる。このような予備知識を得たうえで，あらためて，つぎに示す代表的な組織に関する定義をみると，その意図するところが，より鮮明に理解できることと思う。

　前出のムーニーは，「組織とは，ある共通の目的を達成しようとするための，あらゆる人間協同の形態である」と定義している。C. I. バーナードは，「組織とは，共通の目的を達成するため二人またはそれ以上の人間の意識的に調整された行動のシステムである」と『経営者の役割』(1954年)の中でいっている。さらにL. ギューリックは，「分業は組織の基礎である。まことに分業こそ組織的存在の根拠である」と1937年L. アーウィックが編んだ論文でうたっている。その他，A. ブラウンの「組織は責任事項の委譲によって作られるのである」も理解しやすい表現であろう。このように，組織に関する定義は，古今東西を問わず，発言する人の数に比例するほど多いのも事実である。

2　組織は共通原則で構築

　組織というものは，一定の共通した原則によって構築されていることは事実である。そのため経験則に基づいた組織原則を無視したり，知らないままに組織化することは冒険であり，組織に破綻をきたす原因ともなる。一般に，組織原則として，「目的の原則」「特殊化(専門化)の原則」「監督の限界の原則」「命令統一の原則」「権限委譲の原則」の五つがあげられる。「目的の原則」とは，当該組織の目的を明確にしなければならないことを示している。そのために，

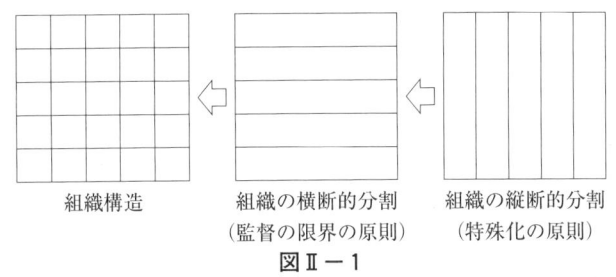

Ⅱ　経営組織とプロジェクトチーム

　　組織構造　　　組織の横断的分割　　組織の縦断的分割
　　　　　　　　（監督の限界の原則）　（特殊化の原則）
　　　　図Ⅱ－1
　　　出所）占部都美『近代経営管理論』（ダイヤモンド社）より引用・一部加工

　われわれは、公的・私的にかかわらず組織に関する規定化を図る場合には、まず組織名に続いてその目的を明記することは、日常おこなっているところである。経営理念、社是、社訓なども、この「目的の原則」とは無縁であるとはいい切れないまでも、より具体的かつ実務的には、会社の「定款」や法人の「寄付行為」に、その組織の目的が明記されていると認識すべきである。

　さらに重要なことは、この「目的の原則」は、他の原則と並列にあるのではなく、"組織全体の原則"の位置にあり、他の原則の根源でもあり、それらを包括していると考え、整理するべきだと考えている。つぎの「特殊化の原則」とは、組織の各構成員が、できるだけ単一の特殊化した業務活動を担当することをさしている。この原則は、組織の各構成員はできるだけ単一の特殊化した業務を担当することによって、仕事の重複、専門知識・技能の集中・活用、設備等の二重投資の無駄排除などができるという理由によって効率的であることを教えてくれている。

　この特殊化の原則によって、対象別、地域別、工程別、機械の種類別、消費者別、職能別の部門化がおこなわれ、業務の分類、割当がおこなわれて、各構成員の職務の種類と範囲が定められるのである。なかでも職能別が中心で、人事、経理、技術、製造、販売、品質管理、購買といった機能別の組織として、部・課が誕生し、これが各社の基幹的形態になっていることは、広く知られているところである。

　三番目の「監督の限界の原則」は、一人の長（人）が直接に管理・監督できる

部下の数には一定の限界がある，とするものである。この原則に関してL.アーウィックは，「誰しも仕事が相互に交錯し合っている部下については，五人多くとも六人以上を直接に指導してはならない」といい，C. I. バーナードは，「普通15人以内という限界が存在しており，多くの組織において5，6人が実際の限界である」といっている。創成期の企業にあっては，創業者一人で仕入れ，製造，販売を始め資金繰りにいたるまですべてを担当するわけであるが，企業の発展にともなって業容の拡大をはかろうとすると，「特殊化の原則」によって職務が分割されると同時に担当者（人員）の分割がおこなわれて，そこに管理階層が形成される。

すなわち，それらは経営者層，管理者層，監督者層を形成して，より具体的には，取締役，部長，副部長あるいは次長，課長，課長補佐あるいは課長代理，係長，主任などの役職者を任命する要因となっている。もちろん，既存組織において，「監督の限界の原則」を適用しようとする場合には，管理・監督者の管理能力，部下従業員の能力水準，業務の単純性と複雑性，作業場所の集中と分散，指示命令および報告のコミュニケーション方法の有無，作業成果の測定方法の有無などにより，"監督の幅"すなわち管理・監督できる部下従業員の人数が定まることを忘れてはならない。したがって，管理・監督の定員（幅）があるわけではなく，各国の内閣の閣僚数やスポーツチームの選手数などが参考になる程度である。

また，同一企業であっても，スタッフ部門，営業部門，生産部門（工場）において部門（長）に所属する課（長）の数は同一である必要はなく，また課（長）に所属する係（長）の数もまちまちであってしかるべきなのである。

四番目の「命令統一の原則」は，「指揮・命令の一元性原則」ともいわれている。この原則は，一人の部下に対する命令は一人の上司（長）がしなければならず，もしもこの原則を守らなければ四方八方から命令が飛び交い，受け手の部下としては，誰の命令を優先させるべきかに困惑し，混乱するので，このことを防ごうとするものである。

したがって、この原則に照らしてみると、テイラーが提唱した職能的組織での職長（フォアマン）は、各人の専門知識を生かせるメリットがある半面、各作業者への命令・指示が錯綜するデメリットが浮き彫りにされるのである。「権限委譲の原則」は、既述したギューリックの「分業は組織の基礎である」ことを立証するためにも重要な原則であり、「権限とは、一定の職務を遂行しまたは他人に遂行させるために、各職位に与えられたフォーマルな権利である」と定義される。権限に対しては、ブラウンは「職務を遂行するための力であり、各職務にはそれと同量の権限が内在している」、ファイヨールは「権限とは、命令を与える権利と命令に対する服従を導き出す力」と定義している。

さらに、バーナードの"権限受容説"を紹介すると次のとおりである。

「権限は、フォーマルな組織における意思伝達（命令）が、組織のメンバーの行動を支配するものとして、組織のメンバーに受容された性格のものである」。要約すれば、権限とは、各職位にフォーマルに与えられた自分の職務を遂行するための権限と部下を通じて職務を遂行させる権限の両方を含んでおり、それは職務と同一範囲・同量でなければならないのである。ここに、「権限・責任対応の原則」からいって、職務・権限・責任の三位一体の構造図が描かれるわけである。

組織の面からいえば、企業発展にともない生成と分化され、順次細分化されていく組織単位（職務）をマネジメントするために、個々の組織単位に権限を委譲し、付与することによって、はじめて組織自体が存立しえるのである。

なお当然のことながら、権限委譲にともなって生じる責任は、最終的に委譲した人に帰属するのであるから、委譲に対応した総合手段を準備しておかなければ十分だとはいえない。

3　新しい二つの組織原則

各組織原則の内容吟味を終えた段階で、組織原則を図のように整理すると、その意図するところがさらに明確になると思う。すなわち、「特殊化」と「監

督の限界」の原則は，主として組織構造・形成，いいかえると「器」ないし枠組（フレームワーク）にかかわる原則であり，「命令統一」と「権限委譲」の原則は，主として組織構成員，いいかえると「中味」ないし人間にかかわる原則であると区分するのである。

このように，伝統的な組織原則を吟味し，分類整理してみると，重要な原則が欠落していることに気づくのである。しかし，この重要な原則は，現段階では正式な原則として認知されていないので，ここでは一応，新原則として表現しておく。

それは，組織構造に係わる原則群に，「再編成の原則」を，また人間に係わる原則群に，「活性化の原則」を新たに加えることである。ここでいう新原則の「再編成の原則」とは，組織の陳腐化と停滞化を防ぎ，組織構成員に緊張感と刺激を与えるために，一定期間ごとに組織の編成替えをすることを意味している。その方法は，タテ割りの組織からヨコ割りの組織へ，またその逆に，ヨコ割りの組織からタテ割りの組織もありうるし，子会社・分社化も含まれる。より具体的には，機能別組織を基本としながらも，あるときは地域や製品別の区分を変えたり，事業部制に編成替えをしている各社の現状からみて，この新

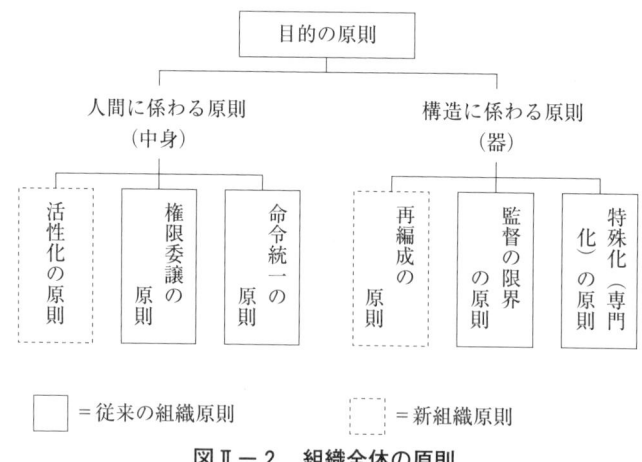

図Ⅱ－2　組織全体の原則

原則の妥当性が立証できると思われる。そのために，新原則の「再編成の原則」こそ，ハイテクにリードされ，激動している経済・経営環境で生き残るための"適者生存の原則"にふさわしく，ゴーイング・コンサーンとしての企業経営に不可欠な原則であると評価されることを期待している。

つぎに人間に係わる原則群に追加すべきであると思う新原則の「活性化の原則」について記述する。この新原則の「活性化の原則」とは，「組織の目的」を完遂するために，たとえその期間中に新原則の「再編成の原則」が作用しないで組織構造に変化がおこらなかった場合であっても，組織構成員のやる気を起こさせ，意欲(モチベーション)をかき立てなければならないという内容のものである。

いいかえると，構造にかかわる原則に基づいて，立派な構造的組織が形成されたとしても，その「器」の「中身」にあたる働く人びとに活気，やる気，精気，そしてチャレンジ精神が欠如していれば，それは"仏つくって魂入れず"のたとえどおり，組織として真の機能を果たすことができないからである。

したがって，「活性化の原則」を実践するために，各社とも組織構成員の活性化については人事・労務管理の重点項目としてあげて，組織開発(OD)はじめTQCやZD運動の小集団活動，目標管理，自己申告制度，提案制度，持株制度等々事例をあげれば枚挙にいとまのないほど懸命に取り組んでいる様子は周知のとおりである。

4　機能別組織の弊害

組織の代表的形態である機能別組織は，人間の英知が生んだ素晴しい産物であり，現代社会においては不可欠な組織である。

権限と責任の体系が明確である機能別組織は，ウェーバーが"最も合理的な手段"であると評価した官僚組織(別名はピラミッド型組織)の基礎になっており，安定した環境や上下関係の秩序が尊重されている場合には，有効な働きをするものなのである。従来からその長所としては，(1)専門化の利益，(2)共通費

の節約，(3)中央集権的な管理，がいわれてきた。

　しかし，われわれが現在直面している激動期では，その有効性が従来通り，評価・発揮されているとはいい切れない状況である。むしろ今や，機能別組織を補強するために改善策を立案しなければ，組織自体の存続が危ぶまれる時期に来ていると認識すべきである。それでは，機能的組織の進展にともなって顕在化しつつある弊害とは何か。一般的には，(1)過度の中央集権化，(2)決定が時宜に適しなくなること，(3)業績の評価が困難，(4)責任体制があいまいとなる，(5)経営者能力の枯渇，(6)セクショナリズムを生ずる，などがあげられているが，筆者は別な角度からつぎの四点にしぼりたい。それは「スピードの鈍化」と「情報の変形」，さらには「マネジメント・サイクルのセグメント（切断）化」と「人間性の阻害」である。「スピードの鈍化」とは，組織にインプットされた情報に基づいて製品化したり反応行動によって組織からアウトプットするまで長時間かかることである。

　周知の通り，効率とはインプット÷アウトプットなので，組織内の「スピー

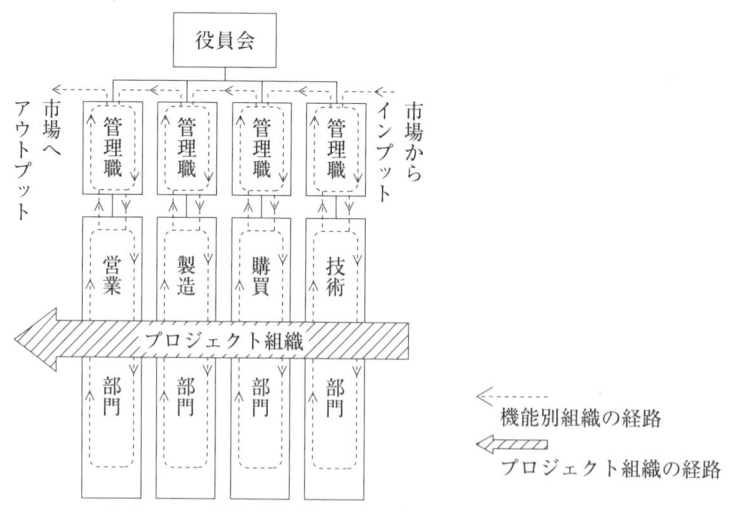

図Ⅱ－3　機能別組織とプロジェクト組織の経路比較

ドの鈍化」は，効率のわるい組織を意味している。

　つぎの「情報の変形」とは「スピードの鈍化」とも関連するが，組織内を駆け回る情報は，各職能と職位ごとにバイアスが掛けられるので，最終の意思決定者に到達するまでに相当変形しがちであることを指している。

　この現象は，伝達ゲームによって，面白おかしく立証できるのである。伝達ゲームとは，多数の人をグループに分けて，迅速に，しかも正確に物事を伝達することを競うゲームである。たとえば，「スープ」が「味噌汁」に，「コーヒー」が「紅茶」にと変形して最終者に伝達されることは日常茶飯事である。

　これらの弊害は，タテ割りとヨコ割りの「マス状」の組織を想起すれば合点がいくだろう。すなわち，組織にインプットされた情報によって何かを具現化するためには，まず上から下に向かっていくつかの管理階層を通過し，その成果は「命令統一の原則」に従って，下から上へと回帰する必要がある。いいかえると，同一の機能別組織内に，上下二本（往復）の経路が存在している。しかも業務は単一の機能別組織だけで完遂できることはまれで，通常関連する複数の機能別組織へ順次移管することが必要となる。

　しかしながら，機能別組織は，構成員に「命令統一の原則」や「権限委譲の原則」を遵守させるので，上下関係は堅い絆で結ばれた一大家族のような関係にあるので，各機能別組織相互の情報交換や業務移管は教科書通り円滑かつ容易にできるものではない。そのために，水面下の"根回し"が不可欠であり，無駄な時間を費やす羽目になる。

　「マネジメント・サイクルのセグメント化」という弊害は，本来，プラン→ドゥ→シーのサイクルを1人の人間が担当することが望ましいにもかかわらず「特殊化の原則」が厳密に貫徹されることによって，このサイクルが組織的にずたずたに分断(セグメント)されてしまい，ついには人から「考える」＝プラン機能をも奪いとってしまう現象を指している。「人間性の阻害」もまた，「特殊化の原則」と「監督の限界の原則」とによって形成される「マス状」(職域)がもたらす問題である。確かに，組織化した当初や，はじめて組織に参画した

人にとっては，このマス内は自分が自由に活躍できる領域であると認識できて便利である。しかし，経験と能力が増すにつれて，やる気十分の人にとっては，職務分掌で定められているとはいえ，当初の拠り所であったマスが窮屈になって来る。そこで職務拡大・充実が課題として取り上げられ，タテとヨコの囲いを取り除く作業，いいかえると組織の見直しが迫られるのである。

専門化に伴う細分化の弊害，いいかえると機能別組織の弊害は，病院の組織にもみられる。従来から内科，外科，小児科，産婦人科，耳鼻咽喉科などは，よく知られている科名である。しかし最近では，医学の進歩にともなう専門化により，内科が消化器科，循環器科，呼吸器科，神経内科に，また外科が脳神経外科，胸部外科，整形外科等々が細分化が進んでいる。

これは，「特殊化の原則」に基づいたタテ割り組織とみなすことができる。しかし，患者の病気は必ずしも病院の各科別に適合できるように，都合よく分割されるものではない。心臓外科の大家の故榊原博士は，自身の専門から病院の専門化によるタテ割り組織の弊害を次のようにいっている。「これでは病気の全体像をとらえられない恐れが生じる。とくに心臓病には子どももいるし老人もいる。全身の諸臓器にも変化があるし，治療もある時期には手術を，ある時期には内科治療をというようにせねばならない。すなわち，内科，小児科，外科，さらに基本医学や医学以外の学者までが一体となって取り組む必要がある」（「日本経済新聞」＜私の履歴書＞より）

5　コンティンジェンシー理論

われわれは，すでに機能別組織の弊害を，理論と実践の両面から考察した。それはいうまでもなく，機能別組織の補強策を講じるためである。そこで各社の組織改編のヒントになることを願いながら，その理論的根拠と具体策を述べることにする。

まずはじめに，条件適応理論（コンティンジェンシー・セオリー）を紹介する。この理論は，環境条件が組織のあり方に与えるインパクトを明らかにした点で

優れているといわれている。その要点を示すと次のとおりである[1]。「対処すべき経済や市場の条件が異なれば，それに対応して，組織の種類はどのように違ってくるだろうか」と問題を投げかけている。「問題は，特定の経済的，技術的条件の下で，特定のタスクを効果的に遂行するための基本的な組織条件は，それとは別の環境下にある別のタスクに適合する組織条件と同一ではない，ということであろう。販売部門の効果的な組織条件は，製造部門のそれとはまったく違うはずである。また，安定した市場で多数の顧客に標準製品を販売する企業と変化の激しい市場を相手に高度の専門技術を駆使する製品を作る会社とでは，必要な組織形態や運営方針は違ったものになろう。」

「技術が加速的に変化した場合，組織にはどのような新しい問題が出てくるだろうか。生産技術や市場の違う二つの製品事業部が，同一の組織形態をとってよいだろうか。それとも，違った形態にすべきだろうか。もし違った形態になるとすれば，具体的にはどういう違い方を示すだろうか。」

つぎに，田島義博教授の「物別タテ割り組織と需要別ヨコ割り組織」の要点を紹介する[2]。教授によると，伝統的な産業分類は，製造技術の共通性や製品の物的特性面の共通性によって行われており，これを「物別タテ割り」産業分野と呼ぶ。つづいて，この産業分類が，過去のものであり，不合理なものであることを事例をもって説明する。

街の電気店の商品構成は，カラーテレビ，冷蔵庫，洗濯機，ステレオ，電器釜，暖房器具，ラジオ，テープレコーダーなどから成っている。これらの商品には，「電気をエネルギーとする耐久消費財」という共通点があり，その商品構成の原理は一貫しており，混乱はない。その意味では，電気店は物別タテ割りの流通機構を最もよく代表している小売店といえるだろう。

しかし，このことのおかしさに気づかない人は，固定的発想に毒されてしまっていると非難されても仕方がない。なぜなら，需要志向が叫ばれていながら，上の商品構成は需要の共通性をまったく考慮していないからである。例えば，ステレオと電気釜は，製造技術や物的特性は共通していても，需要面では，何

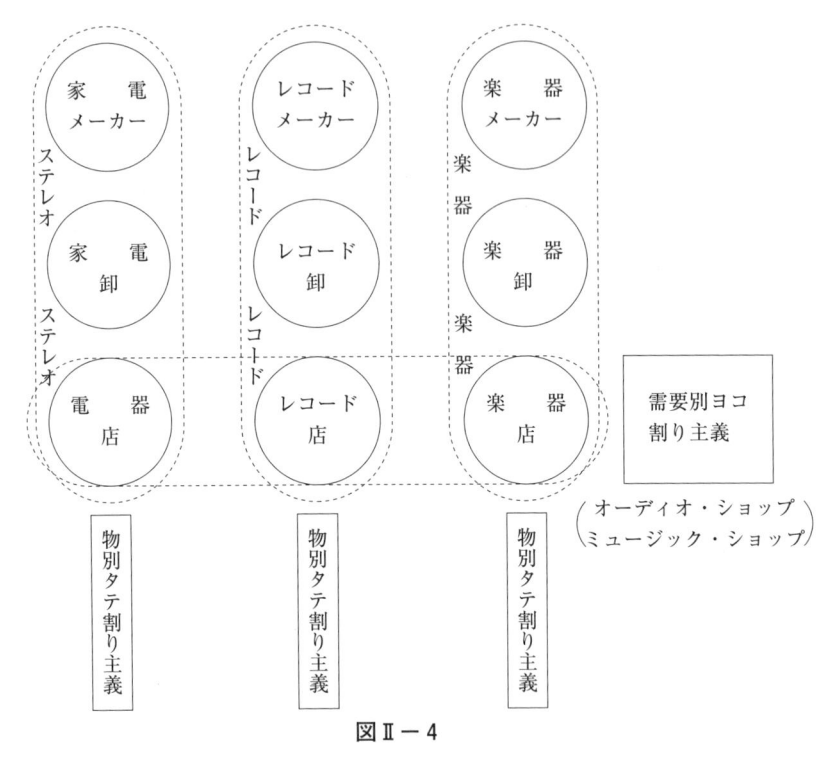

```
┌─────────┐   ┌─────────┐   ┌─────────┐
│  家電   │   │ レコード │   │  楽器   │
│ メーカー │   │ メーカー │   │ メーカー │
└─────────┘   └─────────┘   └─────────┘
  ステレオ      レコード       楽器

┌─────────┐   ┌─────────┐   ┌─────────┐
│  家電   │   │ レコード │   │  楽器   │
│   卸    │   │   卸    │   │   卸    │
└─────────┘   └─────────┘   └─────────┘
  ステレオ      レコード       楽器
                                        ┌──────────┐
┌─────────┐   ┌─────────┐   ┌─────────┐ │ 需要別ヨコ │
│  電器   │   │ レコード │   │  楽器   │ │ 割り主義  │
│   店    │   │   店    │   │   店    │ └──────────┘
└─────────┘   └─────────┘   └─────────┘
                                       (オーディオ・ショップ)
                                       (ミュージック・ショップ)
┌────┐      ┌────┐       ┌────┐
│物別タテ│   │物別タテ│    │物別タテ│
│割り主義│   │割り主義│    │割り主義│
└────┘      └────┘       └────┘
```

図Ⅱ－4

出所）田島義博「ベンチャー的企業経営論」『経営問題』1973年春季号

の関連もない。とくに，需要と直接対面している小売店は，需要の共通性に配慮した商品構成を行うべきである。ステレオと需要が共通しているのは，レコードである。ここで需要別ヨコ割りの業種というものを考えるなら，ステレオと電気釜が同一業種に属するのではなく，ステレオとレコードが同一業種に属することになる。

ところが，現実には，物別タテ割りの流通機構が支配的であるが，最近の動向として，需要別ヨコ割り主義に立った専門店を生み出しつつある」と指摘されている。

6 事業部制について

すでに記した機能別組織の弊害のうち，特に (1)決定が時宜に適しなくなる，(2)業績の評価が困難である，(3)責任体制があいまいとなる，(4)セクショナリズムを生ずるなどを是正する組織として考案された組織がある。それが事業部制組織である。事業部制とは，一つの企業の内部に独自の利益および独自の製品または市場に対する責任をもつ企業的業績の責任単位を設定し，これに対して分権化をおこなう経営制度なのである。

したがって，事業部は分権化（decentralization），利益責任（profit center），市場責任（market center）の単位なのである。事業部の組織構造には，通常職能別組織が採用される。事業部制組織の編成基準には，製品別，地域別，工程別，得意先別，販売経路別，市場別，業態別などの種々のものが考えられる。なお，わが国で現在よく使用されている編成基準は，製品別がもっとも多く全体の約60％を占めているといわれている。

7 プロジェクト組織

プロジェクト組織は，機能別組織の弊害を排除し，欠点を補う有力な組織である。プロジェクト組織とは，ここではタスク・フォース，プロジェクト・チーム，プロダクト・マネジャー制の総称として使うことにする。別名をチーム組織ということがある。なお筆者は，しばしば機能別組織を「タテ割り組織」，

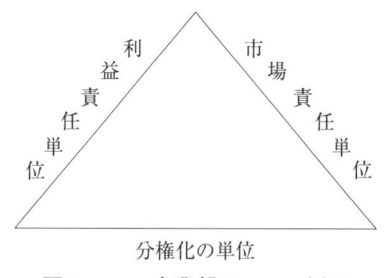

図Ⅱ-5 事業部の3つの側面

プロジェクト組織を「ヨコ割り組織」と称している。また，かつて5年間のプロジェクト・マネジャーの体験をふまえて，『ヨコ割りの組織―プロジェクト・チームの理論と運営―』(日本経営出版会)を著したことがある。

それはさておき，論を進めるためにプロジェクト組織と総称される，タスク・フォース，プロジェクト・チーム，プロダクト・マネジャー制を定義しておこう。厳密に，おのおのの相違を把握しておくことは，その運営に当たる場合には大切なことである。

タスク・フォースとは，米国の軍隊用語で，特別の軍事目的・任務を達成するため，通常組織とは別途に一時的に編成される「特別機動隊」をいう。なお，第二次世界大戦時のノルマンディー作戦におけるタスク・フォースは成功例として有名である。

プロジェクト・チームとは，課題に対し，調査・研究・探究・結案するため，ごく少数の人が密接に連帯して，共同作業する行動方式をいう。最近，官公庁や民間企業で比較的多く導入されている形態である。その中には，残念ながら「委員会」制度と混同していたり，何でもかんでも「プロジェクト」でまとめているところも散見する。

まず，プロジェクト・チームを編成してまで遂行しなければならないほど重要な課題を取りあげたならば，それを担当するメンバーは専任でなければ実効があがるものではない。それにもかかわらず，機能別組織との兼任でお茶を濁している例を多くみかけるが，これではプロジェクトが所期の目的通り達成できなかった場合に，従来の機能別組織の方の仕事が忙しかったという"言い訳"の理由を与える結果になる。

プロダクト・マネジャー制とは，製品別，商品別に遂行責任者を発令し，調査・研究から開発，試作，販売まで垂直的に権限を与え責任を負わせる制度をいう。この制度は，1920年代の後半から1930年代にかけて大量生産，大量販売に入ったアメリカで創案されたものであることは，よく知られているところである。

Ⅱ　経営組織とプロジェクトチーム

それではここで，プロジェクト組織に共通する特性を端的に示してみよう。
① 「目的」は，志向的であり，達成すべき特別の任務が与えられている。
② 「期間」は，臨時的であるので，臨時編成の組織である。
③ 「結合」は，機能横断的である。すなわち，各機能にまたがって，異質の機能を横断的に結集する。
④ 「役割」は，計画プラス実行である。すなわち，この任務を計画し，遂行し達成することが必要である。

さらに，プロジェクト組織を的確に理解するために，その特徴を機能別組織との対比でみれば，その相違が明確になる。

プロジェクト組織	機能別組織
柔（ソフト）	剛（ハード）
流動	固定
動	静
（ダイナミック）	（スタティック）
ヨコ	タテ
暫定	永久
生物	機械

8　マトリックス型組織の利点

D. I. クリーランドとW. R. キングは，彼らの著書"*SYSTEMS ANALYSIS AND PROJECT MANAGEMENT* "において，ダイナミック組織の問題をシステムの概念から説きおこし，プロジェクト・マネジメントが登場する背景，それに関連するプロジェクト・マネジメントの組織（とくにマトリック型組織）について，懇切ていねいな説明をしている。彼らは，プロジェクト・マネジメントが登場した背景に，政府関係機関と契約ベースで仕事をしている企業，とくに国防産業があることを指摘している。

それらの企業がおかれている状況としては，まず第一に宇宙開発，原子力兵

器など先端技術が必要とされているので，あらゆる分野の専門家が一つのプロジェクトの下に動員される。

　第二には，そのプロジェクトの成否が，企業の運命を左右するほどの巨額な研究費が導入されている。

　第三は，政府の契約のため，とくに時間的制約が厳格である。

　また，一般企業にあっては，工場の新設・移転，他企業の吸収合併，新製品の開発といった企業全体にかかわる大規模な問題に対して，プロジェクト・マネジメントを適用することが望ましいといっている。さらに企業内の多部門が関係している，プロジェクトに危険性があり，その成否の見通しがむずかしい問題等もこれに該当する。

　プロジェクト・マネジメントの組織は，そのプロジェクトの性格，期間などによって当然いろいろな型がある。しかしプロジェクト・マネジメントの発生から考えても，明確な形をもった，これまでの概念でいう組織図のようなもの

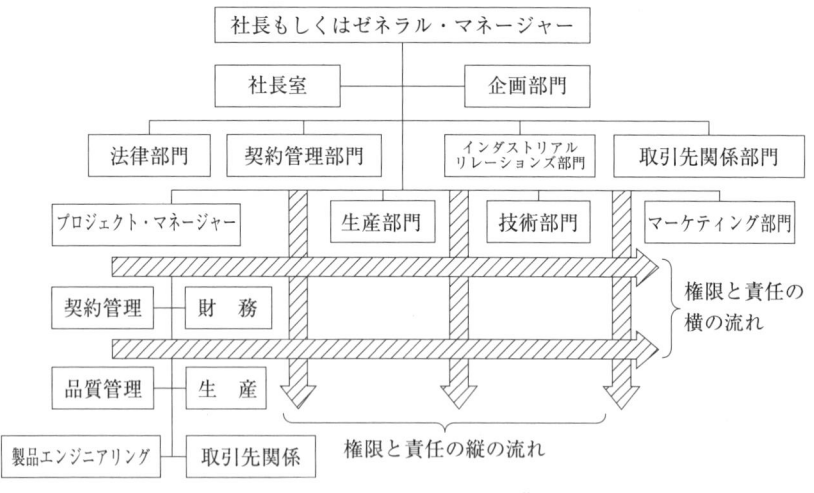

図Ⅱ－6　マトリックス組織図

出所）クリーランド，キング著（上田惇生訳）『システム・マネジメント―システム分析とプロジェクト組織―』ダイヤモンド社, p. 243

にはなりにくいのが当然である，としながらも，「今日の組織は非常に複雑な存在になってきている。今日の組織を的確に表わすためには，新しい種類の組織図の開発が必要である。組織内の横や斜めの関係のみならず，外部の組織の存在と役割まで表わしうるような組織図が必要である」として，「マトリックス型組織」を提唱している。

「マトリックス型組織」は，純機能型と純プロジェクト型の中間的組織であり，複数のプロジェクトを，限られたコストとスケジュールの範囲において，一定の技術水準をもって実施するにはすぐれている。

なお，「マトリックス型組織」には，次のような利点があるという。

① プロジェクトに関するあらゆる権限と責任がプロジェクト・マネジャーに集中しているため効果的なマネジメントができる。

② 機能別部門に，それぞれの分野における専門家をプールしておけるため，人的資源の柔軟な配合が可能である。

③ あらゆるプロジェクトに対し，社内の専門的知識を有効に動員することができる。

④ プロジェクト組織の構成員は，プロジェクトにおける任務終了とともに，戻るべき機能別組織をもっている。

⑤ 意思疎通のチャンネルがプロジェクト中心に整備されており，意思決定の権限がプロジェクト・マネジャーのもとに集中しているため，顧客の新しい希望や，発生してくる諸問題に対し，迅速に対処することができる。

⑥ プロジェクト組織と機能別組織との間における衝突や折衝を通じ，各種のプロジェクトに対し首尾一貫したマネジメントが行われる他，スケジュールとコストと製品性能の三者の間に，最適のバランスが期待できる。

9　プロジェクト組織導入の壁と問題点

プロジェクト組織の特徴は，すでに述べたとおりである。しかし，企業が経営環境の変化に即応して，ダイナミックな経営を展開するためには，プロジェ

クト組織の導入が不可欠であることが認識されはじめたとはいえ，実態はまだまだである。それは，「笛吹けど踊らず」の状態である。では，なぜ踊らないのか。いいかえると，なぜプロジェクト組織が導入されづらいのか，その原因を経営風土を体験した立場から考察してみると，つぎのとおりである。

① 機能別組織といえども，それ自体，常にプロジェクトチーム的な行動をしている。それは，わが国の企業が集団主義経営を特徴としていることと，各従業員の職務が必ずしも明確に規定化されていないことに起因している。

② わが国の企業では，専門的知識に比べて集団的・平均的合意（これを和と誤認している経営者を散見できるが）を重視する傾向がある。このために，スペシャリストは常にゼネラリストの風下に位置づけられがちである。

③ プロジェクト組織にのみ，きわだった功績を独占されることを警戒すると同時に，プロジェクト組織による成果があがらなかった場合には，その責任のすべてをその組織に負わせるのは忍びないとする全体（網羅）主義的な考えが支配している。

④ 権限は機能別組織の固有の財産であり，パワーなので，これ以外の組織形態に権限を付与してしまえば，乱用されたり，既得権を侵害されるのではないかという錯覚がないともいえない。

⑤ 経営者にプロジェクト組織により緊急課題を解決しようとする認識や切迫感が欠けている。経営状態が悪化し，こう着状態から脱却するための突破口を切り開くために，プロジェクト組織は切り込み隊として適しているという認識が薄い。

⑥ プロジェクト組織は，機能別組織に比べてより人間中心の組織であるので，奇兵隊の高杉晋作や海援隊の坂本龍馬のような強烈な個性のあるリーダーシップが必要にもかかわらず，現代の管理社会では，このような人材は採用の時点で失っていることが多いのは遺憾なことである。

なお，奇兵隊とは，1863年に高杉晋作が長州とアメリカおよびフランス軍艦との交戦によって，これまでの縦関係である藩の正規軍にとらわれず，真に実

力のある部隊を編成する必要を感じ，隊員を全国から募って組織した近代的国民軍のはしりである。また，わが国海軍の前身といわれている海援隊とは，1867年に坂本龍馬が，家柄にかかわりなく，横のつながりで組織したものである。

⑦　現在トップ・マネジメントに君臨している人で，過去にプロジェクト組織で働き，業績をあげた経験者が少ない。そのために，プロジェクト組織の未経験者ゆえに，その組織の運営もリーダー育成もできないという致命的欠陥をもっている。

これらの導入の壁の他にプロジェクト組織がもたらす主要な問題としては，その組織でマネジメントを直接担当するマネジャーの人選と長期化にともなって生ずる硬直化がある。

望ましいマネジャーのタイプは，つぎのとおりである
① プロジェクトを経営レベルで解決できる人
② トップ・マネジメントの信頼が厚い人
③ 社内の組織，機能，人材などを熟知している人
④ 民主的リーダーシップを発揮している人
⑤ 一定水準以上の専門知識がある人
⑥ 戦略と戦術のけじめがつけられる人
⑦ 社外の専門家と有力なコネクションがある人
⑧ 機能別組織から離脱する勇気がある人

10　実践的プロジェクトチームのつくり方と運営のQ＆A

Q　当社では，従来，全社に関連のある業務が惹起した場合，そのつど，委員会を設けて処理してきた。

ところが最近になって，委員会よりもプロジェクトチームのほうが課題処理に適していると聞いた。そこで，委員会とプロジェクトチームの相違点と両者の長所・短所を教えてもらいたい。

A 委員会とプロジェクトチームの特性をみると，次のようになっている。

委員会とは，課題あるいは業務に関係のある部門の代表者を網羅して，委員に指名し，そこで協議・連絡・調整を図ることを目的とした組織であり，実際に担当するのは各機能別組織である。委員会は"根回し"を図る調整機関であり，ほとんどの場合は権限を有することがないので，責任をとらなくともよく，委員にとっては大変に好都合な存在である。

一方，プロジェクトチームとは，課題に対して調査・研究・探求・結案をするために，ごく少数の人びとが密接に連帯して共同作業する行動方式であると定義されている。すなわち，プロジェクトチームは，プロジェクト（もくろみ）を推進するために，"揺りかごから墓場まで"の責任を有する集団である。

したがって，機能別組織に所属したままの兼務の形では，プロジェクトチームのメンバーとして活躍することは期待することもできないし，また好ましいことではない。つまり，委員会とプロジェクトチームの使い分けは，どのような課題を処理しなければならないのかという判断にかかっているのである。

一般に，プロジェクトチームの取り扱う課題としては，工場の新設・移転，他企業の吸収・合併，新製品の開発など非日常的な問題で，しかもいくつかの部門が関係しており，その課題達成にリスクが伴うものが選ばれる傾向がある。

こう考えてくると，委員会は，権限があるようにみえながらその実は権限はなく，したがって責任もない，あくまでも調整（根回し）機関であると割り切って認識する必要がある。一方，プロジェクトチームは，チームを編成するに値する課題があれば，チームのリーダーとメンバーを選抜して，最優先で達成させるように責任と権限を与えて，専任であたってもらうべきものなのである。

Q 技術革新に対処するために，新製品開発を最重点課題としている。しかし，いつも問題になるのは，どのような方法でテーマ探しをすればよいのか，ということである。よい方法があれば，ご教示ください。

A テーマの選択にあたっては，大別すると二通りの方法があると思われる。

一つの方法は，トップ・ダウン方式と名づけられるかもしれませんが，理論的・制度的な演繹方法によるものである。

　すなわち，近未来の技術動向予測であるならば，自社の関連技術が応用可能で，できれば販売ルートの近いものを選ぶのも一案である。

　かつて，ドラッカーが"新しい産業"としてとらえた情報産業，海洋産業，材料産業，メガロポリスの中には，貴重なヒントが埋蔵されている。

　具体案の一部を挙げると，宇宙開発関連機器，人工知能とロボットの分野，メディカル・エレクトロニクス関連分野，さらには教育機器分野などが示唆されていた。また，別な視点からいえば，わが国の得意な分野はどこか，換言すれば世界を席巻している日本製品の特徴を正確にとらえることである。たとえば，オートバイ，カメラ，トランジスタ・ラジオ，電卓，ウォークマン，電子手帳などに共通する特徴は，個人が所有して使用する小型製品であることに気づくはずである。そこで，近未来の技術動向予測をx軸に，個人使用（パーソナル・ユース）をy軸に，さらに自社保有技術をz軸にとった三次元でテーマを選択する方法が確立できるわけである。

　二つめの方法は，中・長期計画，目標管理，提案制度など，ボトム・アップ方式によるテーマの抽出と選択方法である。ここでいう中・長期計画とは，スタッフが机上で作成したものでなく，全社の管理者が管理者研修会の際，あらかじめ配付されるアンケートに所定事項を記入しておき，当日，このアンケート用紙を材料としてグループ・ディスカッションをおこなった結果をまとめたものである。この過程で，管理者全員が参画して抽出したテーマが浮き彫りにされる。目標管理においては，各人が当該年度中に達成すべき重点目標を設定する際，個人では達成のむずかしい目標を，会社のおこなうプロジェクトチームのテーマとして振り替えることを希望する場合がある。また逆に，上司がテーマの重要性にかんがみて，個人目標を昇格させる場合もありうる。

　このようにして，当初の発案者は個人であっても，マネジメントレベルがプロジェクトチームの課題として価値あると判断した場合には，それがテーマと

して位置づけられるようになるわけである。

Q 今回初めてプロジェクトチームを発足させて懸案事項の解決促進・実現を期そうと思うが、どのような職員をメンバーに選べばよいか悩んでいる。メンバー選抜の基準のようなものがあるのだろうか。

A プロジェクトチームが成功するか否かは、チーム・メンバーの人材の善し悪しにかかっていることは、いうまでもない。しかし、すでに機能別組織に配属されている人々を、チーム・メンバーとして適材だからといって引き抜けるほど、現実は甘くはない。たとえ社運を賭けるようなプロジェクトであっても、また社長の有する人事権を強権発動したとしても、プロジェクトに対するベスト・メンバーを選出し、チームに異動(移籍)させることは至難なことである。それは、機能別組織の各部門が堅固なタテ割り組織として独立化している傾向に起因している。

それぞれの部門長は、自部門に所属している部下とは親子や兄弟ほどの絆（きずな）で結ばれているので、よい人材ほど自部門に温存しようと考えこそすれ、他部門へ転出させようとは思いもしないからである。

部門の利益代表である部門長としては、自部門に与えられた業務を気心の知れた部下たちと一緒に滞りなく行うことのほうが、全社的な視野に立ったプロジェクトチームのメンバーを自部門から選抜される栄誉よりも重要だと考えるのはやむをえないことであろう。現実は、このような厳しい状態であることを認識したうえで、あえてチーム・メンバーの選抜基準を示すと、次のようになる。

① マネジャーと気心が知れている人
② 他のメンバーと、できる限り専門分野の異なる人
③ 社内のインフォーマル・グループにたくさん加入しており、人脈を有する人
④ 現在の配属先では、やや地味な存在のため人事考課はよくないが、実戦力を身につけた人

⑤　理論家タイプよりも実務家タイプの人
⑥　年齢は若いほどよい。できれば30歳未満の人
⑦　分業に徹し，その孤独に耐える人
⑧　コツコツと積み上げるタイプで，努力家で辛抱強い人
⑨　チームワークを意識して，「和」を尊ぶ人

Q コーポレート・アイデンティティ(CI)のためのプロジェクトチームを発足させてから，はや二年たったが，当初期待していたほどの成果があがらず，当惑している。

プロジェクトチームの運営方法自体に問題がないか，改めて点検して再出発を図ろうと考えている。ついては，"プロジェクトチームの運営のコツ"とでもいうべきものがあれば，ご説明ください。

A プロジェクトチームの運営については定説があるわけではないが，筆者の5年間に及ぶチーム・リーダーとしての体験を通して気づいたことを，いくつか記してみよう。まず最も重要なことは，プロジェクトチームの課題である業務範囲を明確にするために，成文化することである。貴社の場合，CIチームとのことであるが，CIに対しては各人各様の思い込みがあるので，できるだけ具体的に，CIに関連ありそうな事項を書き出し，整理したうえで社内のコンセンサスを事前に得るようにしておくことが大切である。

次は，この課題(業務)を推進するための決裁権限を規定化することである。

通常，タテ割りの機能別組織においては，職位，役職，権限などが確立しており，明確化されているのに対して，伝統も実績もなく，認知されているとはいいがたいプロジェクトチームでは，権限はなおざりになりがちである。

さらに，問題をむずかしくしているのは，プロジェクトチームは別名，ダイナミック(動態的)組織といわれるとおり，時間の経過とともに，取り組む課題や担当者が順次推移していくので権限が決めづらい，ということである。

したがって，貴社の場合，プロジェクトの重要性から考えて，最低限度，常務取締役の権限，できれば"葵の印籠(あおいのろう)"くらいの最終権限の付与はほしいとこ

ろである。

　三つめの注意点は，当該プロジェクトチームを組織上，どこにどのような形で表記するかということである。このことは，一見些細なことのように思われがちであるが，企業の当該プロジェクトチームに対する期待度を如実に示すバロメーターだけに要注意である。それにより，チーム・メンバーの意欲に多大な影響を及ぼすことも事実である。

11　等高線型の組織図

　マトリックス型組織図は，プロダクト・マネジメントの概念，狙い，機能，従来の機能別組織との関係などを視覚に訴える形で表現した最上かつ最新の表示方法だといわれている。しかし筆者は，プロダクトの特性を厳密に考察すればするほど，これでは必ずしもプロジェクト組織が有する柔軟性や伸縮性を十分に表現し切れていないという不満を覚え，不十分さに気付くに至った。

　マトリックス型組織図は，従来の機能別組織を「タテ割り組織」とし，プロジェクト組織を「ヨコ割り組織」として両者を交差させているだけなので，一見すると，硬直したタテ棒に硬直したヨコ棒を単に交差させて置いたに過ぎないという感じをぬぐうことができない。タテ割り組織の表示方法は，これでも

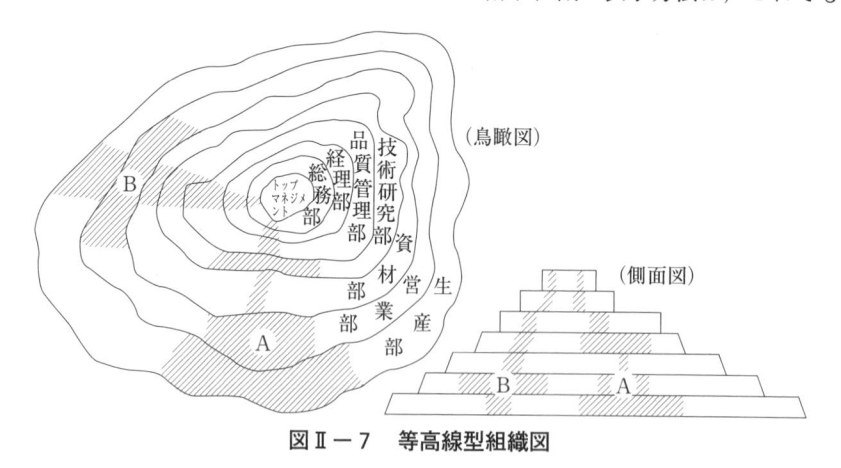

図Ⅱ－7　等高線型組織図

Ⅱ　経営組織とプロジェクトチーム　　**55**

致し方ないとしても，ヨコ割り組織の表示方法には生成発展していく過程やその特徴である柔軟性や伸縮性を表現する工夫をする必要性を痛感しはじめた。現に，クリーランドとキングは，「対象が同一のプロジェクトであっても，プロジェクトの初期と後期では，そのマネジメントに適した組織形態も異なる」ことを指摘しているからなおさらである。プロジェクト組織は，担当するプロジェクトの進展状況によって刻々と重点を置く機能が変わってゆくわけであるから，このような状態を組織形態として表現したいという願望を持つに至った。

　では，目的，時間，環境などの推移にともなって躍動する様子のイメージを何に求めたらよいだろうか。

　筆者は，それをヘビが地面をはうときの様子やもっとリアルに表現すればヘビがカエルをのみ込んで胴体の一部が順次太くなってゆく，あの蛇行している状態が適切のように思いはじめた。しかし，「組織概念がいかに立派であっても，それを組織図として表示できなければ実用に供せない」との持論から再考する必要を感じた。その結果，筆者は登山体験から地図に用いる等高線(contour line)をもって，プロジェクト組織を表示する方法を模索した。ここに，「等高線型組織図」創作，誕生の契機があった。流動性あふれるプロジェクト組織を，筆者の組織観とアイデアを織り込んで等高線型組織と命名した。プロジェクトを等高線で図示する妥当性は，次の理由からである。

　まず，すべての経営活動の領域を「山」に見たてて，機能別組織を等高線で区切って示す。なお，機能別組織の業務量，所属人員の多少は，等高線の高低と間隔で表わす。プロジェクト組織は，すべて機能にかかわりがあるので，等高線とを結んだ「稜線」で囲まれた領域で示す。プロジェクト組織は，時間，場所，場合によって，管轄し，重点を置く業務に推移するので，「稜線」はジグザグになる。この様子は，ちょうど交通量を緩和・調整するために，道路のセンターラインを随時移動させるのに似ている。等高線型組織図は，企業活動の業務量を「山」になぞられて機能別組織を立体的に表現できるので，複数のプロジェクト組織が同時に発足して活動していても，異なるルートや壁面を利

用して山頂を目指すような感じで，錯綜はしない。

　等高線型組織図は，鳥瞰図なので，その高低によって階層の削減化や権限委譲の状態をも示すことができる。

12　TPO型組織に着目を

　プロジェクト組織の特性を加味して，時間の経過に従って重点が移動する有様の柔軟性と蛇行性を表現したものとして，「等高線型組織図」を創案した経緯は，前述した通りである。

　次に，現状の生きた経営活動を円滑に運営するために，TPO型組織と称する新たな組織概念と組織編成を急がねばならない，と提案する。その提案も「等高線組織」と同様，筆者のオリジナリティーである。したがって，いつの日にかTPO型組織が経営組織論での典型的組織形態として定着し，定説となるものと信じている。

　なお，ここでいうTPOとは，「時間」，「場所」，「場合」の英語の頭文字であり，俗に時と場所と場合に応じた振舞いや服装をするようにといわれている"TPO"という言葉と同一の使い方である。

　では，TPO型組織の組織原理から説明する。

　TPO型組織のベースは，等高線型組織と同様，機能別組織である。機能別組織は，いかなる場合でも組織形態の根幹であるとの認識は重要である。この機能別組織をタテ割り組織と見なした場合，ヨコ割り組織として時間単位（T）組織，場所単位（P）組織，場合単位（O）組織から考えて，それらを交差させたTPO型組織と命名する。これを"ネオマトリックス型組織"と呼びたいところである。

　T組織が必要な分野は，技術革新とグローバル化により，装置産業，金融機関，交通・通信機関，セキュリティーを担当する病院・警察・消防などの従事者に対してである。例えば，交代制や一定の時間帯で管理しなければならない交通機関の運行部，入院病棟のある病院，消防署の警防課でありうべき組織を

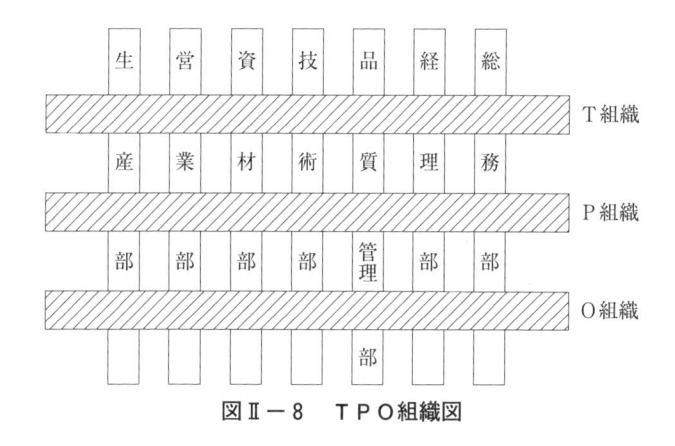

Ⅱ　経営組織とプロジェクトチーム　57

図Ⅱ-8　TPO組織図

検討してみよう。

　これらの組織では，従来の機能別組織(タテ割り組織)をもって責任のある管理を行おうとすれば，その組織の長である担当役員，部長，課長は24時間勤務しなければ，その責任は果たしえないことになる。さもなければ，"権限委譲"という美名の下に交代時の引き継ぎ，申し送り事項によって名目的管理をするかのいずれかである。したがって，これらの組織の担当業務がすでに日常化している現在では，タテ割り組織に拘泥することなく，時間単位(T)に主体をおき，一日を三等分して，たとえば午前部，午後部，夜間部という組織をつくらなければ，いつまでも管理単位とマッチングしないのではなかろうかと懸念している次第である。

　P組織とは，業務は異なるにもかかわらず場所単位(P)でひとまとめにする場合に適している。場所単位とは，東南アジア地域などの地域，都道府県市町村の行政単位，隣組などのコミュニティ単位，工場・支店・営業所単位，同じフロア単位などを意味している。そのために，P組織はなじみ深く理解しやすい組織であり，現状組織をP組織と見なせばことたりる。しかし，今後はサテライトオフィス，リゾートオフィス，在宅勤務が定着すれば，さらに研究しなければならない組織形態である。

O組織とは，その場合その時に応じて組織されるという意味から臨時編成を常とするプロジェクト組織に似ているところがある。したがって，工場の新設・移転，他企業の吸収合併，新製品の開発，株主総会対策，経費節減対策など企業全体にかかわり，非日常的かつ企業内の多部門が関係しており，プロジェクトに危険性のあるものが適応対象に適している。

　さらには，同窓会，同好会，研究会，課長グループなども，O組織に属するといえる。上記の通り，タテ割り組織の機能が希薄になるにつれて，ヨコ割り組織のTPO型機能が濃厚になってきている現状を正視して，管理単位と一致したTPO型組織創案の意義を強調し，その運用がはかられることを期待したい。

　注）
　1） P. R.ローレンス，J. W. ローシュ著（吉田博訳）『組織の条件適応理論』産業能率短期大学出版部，1979年
　2） 田島義博「ベンチャー的企業経営論」『経営問題』1973年春季号

Ⅲ プレゼンテーションの効用と発揮方法

1 管理者に必要なプレゼンテーション能力

　誰でも，ビジネスで成功したいと願っている。それ以上に，人生での成功を心底からのぞんでいるはずである。しかし，成功をするための具体的な方法を知っている人は少ない。そのような人達のために，ビジネスはもちろんのこと人生での成功を願うならば，やや我田引水（物事を，自分の利益になるように引きつけて言ったりしたりすること）ながらプレゼンテーションが有効であると，ここで断言しておきたい。なぜならば，プレゼンテーションの成功はビジネスの成功につながり，ビジネスの成功は人生の成功になるという図式が描けるからである。それは，プレゼンテーションの成功によって，良好な人間関係が築かれる基盤ができあがるからにほかならないからである。それでは，プレゼンテーション能力がなぜ管理者に特に必要なのかを述べておきたい。R. F. バレンタインは，「管理者は，自分に割り当てられた目標を部下を通じて達成させなければならない」と定義している。

　いいかえると，管理者は，部下に仕事を割り当て，命令や指示をして，報告と連絡をうけ，相談に乗り，それらを評価し，ある時は叱り，時には励まし，業績達成のために日夜奮闘する役割をもっている。その際必要な能力は，プレゼンテーションである。L. セイルズが，「管理者は，忍耐強い上手な説得者であれ」といっているのも，このような状況を想定しているのではないかと思われる。

　筆者はかねてから，管理者教育の着眼点として，①管理原則の修得，②「他人の上に立つほどの人は，弁が立つか，筆が立つか，そろばんが立たなければならない」，③コマンダー・スピリット（commander spirit）の涵養の3点をあげてきた[1]。その際，「他人の上に立つほどの人は，弁が立つか，筆が立つか，

そろばんが立たなければならない」ことに関しては，管理者に必要な資質・能力のひとつに，自己見解の披瀝，状況説明，部下への説得のために「弁が立つこと」（弁舌が巧みであること。雄弁であること。『広辞苑』）が不可欠であることを指摘した。さらに，大勢の部下に対して内容を正確に伝達したり，記録を残すために，「筆が立つこと」（文章を書くことが巧みである。『広辞苑』）が必要だと，強調している。

　しかしながら，「弁が立つこと」や「筆が立つこと」の必要性はたしかに強調はしてきたものの，それらの能力向上の具体策については言及していなかったことに遅蒔きながら最近になって気づいたのである。従来ならば，「一を聞いて十を知る」ような管理者が大勢いたので，このように管理者教育の必要点を指摘するだけで，十分であったはずであった。しかし現在では，管理者自身では，「弁が立つこと」や「筆が立つこと」をどのように向上すべきかを工夫したり，模索するような人びとが少なくなっているように思われる。なぜならば，彼らの多くは，指示待ち族という特性をもつ新団塊世代に属している年代だからである。そのために，「弁が立つ」「筆が立つ」ことを向上させる具体的な方法として，プレゼンテーションの役割を提唱しないわけにはいかなくなったのである。

　管理者に「弁が立つ」「筆が立つ」という能力があれば，管理者に期待されている部下に対するOJT（on the job training ＝職域研修または現場訓練）にもかならずよい効果をあげるはずである。OJTとは「管理者が職場で起きたさまざまな現象を教材として，部下を教育訓練することである」と定義するならば，管理者に対しては本来，部下を教育訓練する方法が教えられていなければならないからである。しかし，管理者にはOJTの成果を求めていながら，その手段でもあるプレゼンテーションの知識も訓練の機会も与えられないままに今日にいたっているのが現状である。

　さらには，プレゼンテーション能力の有無は，リーダーシップ（leadership）の発揮にも大きく影響を与えるはずである。いうまでもなく，他人（部下）をリ

ードするためには，口頭表現や非言語表現は不可欠であろう。他人（部下）をリードするためには，他人より優れた情況説明，説得力，文章力が必要なのである。それらはいうまでもなく，プレゼンテーション能力それ自体だといえるのではなかろうか。

2 プレゼンテーションに関する定義

　プレゼンテーションとは何か。今までプレゼンテーションを定義することなく，その必要性を説いてきたが，ここではその言葉の意味を考察することにする。プレゼンテーションとは，英語のPresentationであり，新英和大辞典（研究社）にはつぎの訳が記されている。
1）贈呈，捧呈，授与，授与式，2）贈物，進物，3）紹介，披露，目通り，拝謁，4）薦挙(牧師の)，牧師薦挙(任命)権，5）表現，発表，体裁，様子，押出し，6）《心》表現，表象，直覚，予覚，觀念，7）提出，示現，表示，呈示，8）演出，上演

　この言葉を念のために『広辞苑』（岩波書店）でたしかめてみると，第二版補訂版（1980年9月20日）には，収録されていない。このことから，プレゼンテーションという言葉は今のところ，日本語として定着しているとはいいがたい状況だといえる。したがってプレゼンテーションといえば，わが国では上記2）贈物，進物の仕方，について論じていると本気に思っている人が大勢いるのもむりからぬことだと思う。

　このような意味をもったプレゼンテーションという言葉が最初に使われたのは，広告業界であるらしい。『広告大辞典』（久保田宣伝研究所）によると，プレゼンテーションについて，つぎのような説明をしている。「関係主体者が他の関係客体者に対して，文書・スライド，その他の伝達手段を通じて自己の意思を表明する行為をいう。一般には，販売において，顧客に商品やサービスをわかりやすく説明することをさし，説明するための展示物や，スライドの映写など，デモンストレーションの意味を含んで，広く使われている。」[2]

筆者は，プレゼンテーションを広告業界用語として限度使用するのではなく，もっと一般的なビジネス用語として使用されるべきであり，またそれだけの価値があると思っているので，むしろ次のような定義づけが好ましいと考えている。「プレゼンテーションとは，複数を対象としたコミュニケーションであり最終目的は説得である。内容提示の技術であると同時に聞き手を動機づけ，こちらの望む方向に動いてもらうための働きかけである。」[3]

　すなわち，この定義によると，プレゼンテーションは，説得を目的とした内容提示の技術であり，相手に説明したうえで理解をしてもらい，説得して納得してもらうことである。プレゼンテーションをさらに的確に定義づけているものとして，次のようなものがある。

　「プレゼンテーションとは，考え方，意見，アイデア，情報などを聞き手に伝達し，理解させ，最終的には，話し手の意図した方向へ聞き手の態度を変容させるための活動である。」[4] ここでみた最後のプレゼンテーションに関する定義になると，もはや広告業界の専門用語であると限定する必要がないほど，ビジネスの一般用語としての意味合いが強いことに気づくはずである。

　ビジネス社会では，経営者，管理者，監督者，一般従業員のそれぞれが立場が異なるとはいえ，聞き手(相手)に自分の考え方，意見，アイデア，情報などを伝達し，理解してもらう機会は多い。それは，話し手の意図した方向へ聞き手(相手)の態度を変容させることが当然伴っているからに他ならない。それゆえに，既述したとおり，役職者がリーダーシップを発揮する場合にも，またOJTを実施する場合にも，聞き手(相手)の態度を変容させることが肝要であるので，プレゼンテーションの善し悪しが重要なポイントになる。また，役職者同志でも，一般従業員が上司に対してでも，上手に聞き手(相手)を自分の意図する方向へ態度を変容させることができれば，その人物は優秀でやり手であると評価されるはずである。それだけに，管理者研修や社員研修においてプレゼンテーション教育がいかに重要であるかを強調しても強調しすぎることはないと思っている。

Ⅲ　プレゼンテーションの効用と発揮方法

ここで，プレゼンテーションに関連すると思われる範囲内で，ディベート (debate)，ダイアローグ (dialogue)，パフォーマンス (performance) について付言しておく。

まず，ディベートについて説明する。ディベートとは，討論，論争と邦訳されている。ディベートは言葉による主張と説得であるが，それ自体が目的なのではなく，問題を最善の方向に向けて解決していく手段である。ディベートはルールをもつスポーツであり，その関係にはディベート技術があるといわれている。

筆者は，「言葉による主張と説得である」というディベートにプレゼンテーションの定義を重ねあわせて，その関連性を見出し，ディベートにおいてもプレゼンテーション能力がいかに必要であるかを指摘したいのである。現に，ディベートの効果として，意思決定能力の育成に大きな効果がある，リーダーシップの育成に大きな効果がある，プレゼンテーション能力が飛躍的に高まる，などをあげていることを知ればなおさらである[5]。プレゼンテーションの能力の不足や未学習の場合，ディベートは次のような結果におわるのである。

「ディベートは欧米人にとっては生活の智恵だ。討論はテニスで打ち合うボールと同じで，できるだけ建設的な形で相手に打つ。強く打つほど強く跳ね返ってくる。だから欧米人のディベートは白熱化する。それをスポーツと見ずにケンカと見る日本人は，討論の場でも遠慮してボソボソとしか言わない。多くの欧米人は，日本人は討論で take（取り込み）はしても give（参加）はしていない，と言う。」[6]

つぎに，プレゼンテーションとダイアローグの関係について考察する。

ダイアローグは，対話と邦訳されている。

ソクラテスは「相手を求めて『対話』を進め，対話を通じて存在の意味を与えてくれるものを『ロゴス』とした。『ロゴス』は言葉であり知恵である」[7]といった。ロゴスは，言語，論理，思想であり，異なる人間のロゴスの衝突が対話なのである。この際注意しなければならないことは，ロゴスの衝突がディ

ベートと同様に喧嘩だと錯覚しないことである。言葉と言葉，論理と論理，思想と思想とのぶつかり合いがあり，それらは知的生産をはかる技術にほかならない。相手とぶつかり合うためには，双方とも，自分がもっている論理や思想を言葉で十二分に表現できなければならない。

ここにもプレゼンテーション能力の必要性をいやというほど痛感するはずだし，プレゼンテーションとダイアローグとの密接な関連性を見出すわけである。

おわりに，プレゼンテーションとパフォーマンスの関連づけをおこなっておこう。

パフォーマンス学の対象は，佐藤綾子教授によるとつぎのとおりである。

「日常生活の中の自己表現であり，厳密には『個の善性表現』であるという。『個の善性表現』というのは，相手の個性と心情を読みとりながら最善の自分を実物大で表現して良い人間関係をつくるためのサイエンスであり，心理学，演劇学，コミュニケーション学，文化人類学の四分野にまたがる学際領域である。」[8] すなわち自己表現，なかでも最善の自分を実物大で表現するという場合には，プレゼンテーション能力がなければ，それらを実現することは不可能であることは，今さらいうまでもあるまい。

以上のような考察からあきらかな通り，プレゼンテーションは"すべての道に通じる"といえるほど大切なものであることをしっかりと認識する必要がある。それは，人間にのみ与えられた特権であるところの言葉による交流によって成立するものだからである。

3　国際化がプレゼンテーションを要求

従来わが国では，「沈黙は金」とか「寡黙は男らしい」などの言葉が横行しており，話し好きな人や俗にいうおしゃべりの人を，軽薄にみる傾向があった。それは，わが国や中国は，「個人主義よりも集団の意識が強く，あまり自分の考えを言明しなくともその場の『状況』(コンテキスト)によってお互いの気持ちが伝わる文化」をもっているといわれているからである。そこでは，言語の

明快さは要求されず，スマイルや視線（アイコンタクト）などの非言語表現が重視され，お互いの気持ちをおもんばかるため，『ノー』という不同意表現は好まれない」[9] わけである。

さらに言葉を重ねると，「『和をもって貴しとなし，さからうことなきを旨とせよ』（筆者注：聖徳太子「十七条の憲法」604年）とか，『以心伝心』（筆者注：言葉によらずに，互いの心から心に伝えること）をよしとする日本の表現文化の中では，人に説明されたり，人を説得したりすることはそれほど重要なこととはみなされていなかった」[10] ということである。すなわち，「察する」「おもんばかる」「顔色をうかがう」「阿吽（あうん）の呼吸」などが優先する世界であり，時代だったのである。しかし，これらの傾向はテレビ時代の到来と国際化とともに，徐々にうすらいできたことは事実である。それよりも何よりも，「長年にわたって培われてきたこうした日本の表現文化が，今，国際化と情報の波にもまれて変貌が迫られている」[11] という認識が必要なのである。

さらには，「国際化の中で，相手の言い分を正しく理解しつつ自己主張もして，適切な影響力を発揮できる日本人の育成は急務」[12] であるとの主張にも耳を傾けるべきであろう。

筆者はかねてから国際化に対応するためには，管理者教育の着眼点である「他人の上に立つほどの人は，弁が立つか，筆が立つか，そろばんが立たなければならない」ことに関連して，つぎのように述べてきた。それは，「弁が立つこと」「筆が立つこと」さらには「そろばんが立つこと」においても，なにも国内や企業内に限定すべきことではなく，また日本語だけという制限を設ける必要はないということである。いいかえると，国際化を目指そうとする管理者ならば，外国語による弁や筆が立たなければ失格であり，国際感覚のある"そろばん"が立たなければ世界に通用しないのだということを肝に銘じるべきだといっているのである。

ここで強調しておきたいことは，既述のとおり，国際化が進む中でしっかりと自己主張ができる人材の育成が急務であるということである。しかし，われ

われ日本人は，国内の小・中・高校および大学において，相手の言い分を正しく理解しつつ自己主張ができる訓練も関連する教育も受ける機会がなかったはずである。なぜならば，わが国の学校教育においては，プレゼンテーションに関するカリキュラムが入っていないからである。

そこで大学の一般教養課程の授業が高校時代の焼直しにすぎないと評判がわるいのならば，この時期にプレゼンテーション，ディベート，ダイアローグ，パーフォーマンスに関するカリキュラムを設定すべきだと，ここに提案をしておきたい。さもないと，衆議院予算委員会の審議の模様を例にだすまでもなく，日本の政治家のプレゼンテーションを外国の政治家のそれと比べると，いかに見劣りするかを嘆かなければならないからである。このことに関してイギリスの前首相サッチャーは，自叙伝の中で，学生時代にパブリック・スピーチの訓練をうけたことが，その後の政治活動において大変有益だったと述懐している。

事実，「現在の西の世界では，学校教育の課程で『主張・討議訓練』(アサーション・トレイニング)，『論争・対話』(パブリック・スピーキング)は，小学校高学年から正規の教育課目になっている」。それに反して，「日本の学校教育では，集団化教育はあっても，個人間の主張・討論の教育は皆無といってよい。欠如というよりもそういう教育を嫌う」[13]のである。

われわれは，国際化という名の黒船の襲来によって遅蒔きながら表現文化の違いに気づき，プレゼンテーション能力の貧弱さを今こそ自覚すべきではなかろうか。

4　プレゼンテーションを成功させる条件

孫子の兵法によれば，"敵を知り，己れを知れば，百戦危うからず"という言葉がある。プレゼンテーションの対象が"敵"であるはずがないが，相手のことを知ることは，プレゼンテーションを成功させる条件の一つであることに間違いない。そのほか，プレゼンテーションの目的，プレゼンテーションをする場所の分析も重要である。これらのすべては，プレゼンテーションの事前準

備にあたるものである。

以下，八幡紕芦史氏が説くところに従って，聞き手，目的，場所の分析を紹介することにする[14]。

4.1 聞き手（People）の分析

プレゼンテーションをする相手は誰なのか。相手がわからなければ作戦の立てようがない。

5Ｗ1ＨのうちのWHOについて，①聞き手の人数，②聞き手のデモグラフィック，③聞き手の知識，④聞き手のレベル，⑤聞き手の姿勢・態度，⑥キーマンの6項目について分析する。

① 聞き手の人数

聞き手の人数は，10～20人程度が100人以上かによって，プレゼンテーションの仕方が変ってくる。

10～20人程度の少人数の場合には，テーマを具体的にできるのでコンセプトが絞りやすく，黒板，OHP，スライドなどのビジュアルが利用しやすいので，そのためにあまり演出に凝る必要もなく，資料は必要に応じてその都度配付する方法がとれる。

それに対して，100人以上の多人数の場合には，テーマが一般的になりやすくなり，そのためにコンセプトが絞りづらく，ビジュアルを使用するにあたっては制限されるので，それだけに演出に凝る必要があり，時間的節約のために資料は事前に配布しておく方法がとられる。

② 聞き手のデモグラフィック

聞き手のデモグラフィック（筆者注：demographic＝民勢調査の，人口学上の）では，性別，年齢，職業，宗教，文化的背景などを分析する。性別では，一般的には，男性の聞き手に対しては論理的に話を展開し，女性の聞き手には身近な経験談や具体例を多用した方が注意を喚起することができる。

年齢では，若年層の聞き手に対しては，挑戦的，冒険的，刺激的，革新的，

理想主義的なキーワードが魅力的にうけ入れられる。それに対して，年輩の聞き手には，現実的，実際的なプレゼンテーションをするように心がけることが肝要である。

職業については，聞き手の社会的経済的地位などを分析することによって，専門家としての意見，広い視野に立つ意見，公平な視点からの意見などを求められていることが判明するはずである。

なお，宗教や政治については，プレゼンテーションはもとより例示であっても取りあげない方が賢明である。

③　聞き手の知識　と　④　聞き手のレベル

聞き手の知識とレベルを分析する目的は，聞き手が一般人なのか，専門家なのか，あるいは両者が混在しているかを明らかにすることである。当然のことながら，一般の聞き手には，できるだけ専門用語を使わないように心がけ，もしも専門用語を使う場合にはその意味を丁寧に解説すること，聞き手の身近な話題を取り上げること，多くの事例を引用すること，経験談をふんだんに紹介することが有効である。

一方，専門家の聞き手に対しては，統計数字，実験結果，文献，調査資料などにもとづいた情報開示が効果的である。

⑤　聞き手の姿勢・態度

聞き手の姿勢・態度とは，プレゼンテーションを好意的に受けとめてくれる相手なのか，逆に非好意的で悪意をもっている相手なのかを見分けるための分析である。

好意的な相手に対しては，甘えすぎて油断は禁物である。

問題は，非好意的な相手に対してどのように対処するかである。そのためには，

(イ)　相手の意見とことさら対立させる必要はない。

(ロ)　自分の意見に固執するのもよくない。

(ハ)　偏見をもっていないことをアピールし，感情的な意見よりも理性的な考

え方を述べて，ロジカルに話を展開することに注意する。

㈡　バランスのとれた考え方を披露し，聞き手が"フェアーな人だ"という評価を得るようにした方がよい。

さらに聞き手の興味，知識，態度，ポジション，政治的傾向について，それぞれを"特に強い，強い，普通，弱い，特に弱い"の5段階で分析すると，聞き手の人物像が明確に描けるのでプレゼンテーションには大変好都合である。

⑥　キーマン

キーマンとは，聞き手の中にいてプレゼンテーションの内容について決定権をもっている人のことである。

プレゼンテーションが最終的に有効であったか否かは，その内容が採用されるか否かにかかっている。したがって，キーマンの分析はプレゼンテーションの成否を占う上で重要なポイントになるのである。

分析する対象は，性別，年齢，地位，出身校，趣味，信条，家族構成などであり，それらを調べるためには紳士録，会社職員録，人名録，新聞の人事欄などを参考にするとよいだろう。

4.2　目的（Purpose）の分析

聞き手の分析がひととおりおこなわれた後に，プレゼンテーションの目的は何であるかを分析する必要がある。ということは，プレゼンテーションと一言でいっても，実はその中にはいろいろなタイプがあることを意味しているのである。八幡紕芦史氏によると，プレゼンテーションは，①情報伝達，②説得，③儀礼，④モティベイト，⑤エンターテイメントの5タイプに分類できるという[15]。

しかし，これらのタイプが独立してプレゼンテーションがなり立っているのではなく，一つのプレゼンテーションの中にこれらのタイプが混在しており，あるプレゼンテーションでは情報伝達の比重が高く，またその他のプレゼンテーションではモティベイトが主体であると理解すべきである。

各タイプの分析に入る前に，プレゼンテーションに共通する注意事項をまとめておこう。それは，"聞き手のニーズを知る"ことであり，プレゼンテーションはあくまでも，"そのニーズに応える"ものでなければならないということである。これがプレゼンテーションの要諦であることは，今さらいうまでもあるまい。この"聞き手のニーズを知り，そのニーズに応える"ということは，とりもなおさず，「聞き手のメリット（利益）になる」ようなプレゼンテーションをしなければならないことを意味している。

聞き手は王様であり，わがままなものである。だからといって，聞き手と話し手のすれ違い，目的の不一致，平行線は絶対にさけなければならない問題である。"聞き手のニーズ"を把握するには，既述した聞き手の姿勢・態度からも間接的に推察できるかも知れないが，事情が許すならば，聞き手のニーズを直接聞き出すことも試みるべきである。応々にして，聞き手のニーズが漠然としている状態のときに，話し手から「あなたのニーズは何ですか」と質問されることによって，その時点ではじめてそのニーズが具体的になり，明確になることもありうるものなのである。

① 情報伝達

それでは，情報伝達を主目的としたプレゼンテーションの分析からはじめることにする。プレゼンテーション自体が情報の伝達であることはいうまでもないが，特に情報伝達をはかるプレゼンテーションでは，新しい情報と事実の伝達を心がけるべきである。それによって，「それは知らなかった」「それは役に立つ」と聞き手が感じれば大成功である。その際注意すべきことは，盛沢山の情報を平面的に伝えても聞き手は興味を示さないので，できるだけその情報をコンパクトに加工して提供することが肝要なのである。

"コンパクト（小さくまとまったさま）はインパクト（衝撃）"であるので，そのためにはキーワードを使用することが効果的である。

② 説得

プレゼンテーションの目的が，「説明して理解してもらう」「説得して納得し

Ⅲ　プレゼンテーションの効用と発揮方法　71

てもらう」ことは既述したとおりであるが，再度このことを読者諸氏に喚起をうながしておきたい。プレゼンテーションは聞き手の価値観や態度を変容させ，話し手の意図した行動様式をとらせることである。したがって，プレゼンテーションの目的のうち「説得」は，プレゼンテーションの中心であるとみなすことができる。

　相手を説得するためには，話し手と聞き手との間に良好な人間関係が構築されていることが前提条件である。すくなくとも，聞き手が話し手に対して，尊敬の気持をもっているか，何かを期待している状態が必要である。昔から"人をみて法を説け"という言葉がある。したがって，聞き手によって感情にうったえる場合もあれば，論理を展開するときもあり，ときによっては利益を強調するなど聞き手によってそれらを使いわけることが重要である。もちろん，これらの使いわけにあたっては，三者の割合の問題であり，そのうちの一つだけで相手を説得することは難しいことを知るべきである。

　③　儀礼

　儀礼のためのプレゼンテーションとは，話し手と聞き手，あるいは聞き手同士を"社会的により強く結合させるためのもの"であるといわれている。

　ここでいう儀礼とは，儀式（セレモニー）と同じ意味に解してもよいと思う。儀式としては，工場の落成式，創業記念の式典，受章の祝賀会，結婚披露宴などをあげることができるが，ここで大切なことは，「集まりの主旨を正しく認識し」，その儀式にふさわしい服装と「決まり文句」を使うことである。

　「集まりの主旨を正しく認識する」とは，その集まりがお祝いごとか，悲しいことか，ニコニコ顔で明るく話すのか，沈痛な面持で静かに話す場所かを区別することである。この区別によって，"本日はお日柄もよく"とか"皆様のご多幸を祈念して"などの「決まり文句」を使わなければならない。また，結婚披露宴においては，"割れる""戻る""おわり"など使ってはならない「禁句」（タブー）にも気をつけなければならない。この種のプレゼンテーションは，いかにT・P・O(Time, Place, Occasion)に則応しているかが勝負どころであろ

う。

④　モティベイト

　モティベイト(動機づけ)するためのプレゼンテーションとは，聞き手の意欲を喚起させ，話し手の期待する行動をとらせるためのものである。プレゼンテーションの目的が，聞き手の態度を変容させる活動であるとするならば，このモティベイトのプレゼンテーションは，初期の目的であり始動行為ともいえる。聞き手が人間であるかぎり，聞く人の感情にうったえ，聞く人にやる気を起こさせなければ意味をなさない。モティベイトする方法として，八幡紕芦史氏は，(イ)目標を与える，(ロ)競争させる，(ハ)記録にチャレンジさせる，(ニ)評価しフィードバックする，(ホ)報償と懲罰をあげている[16]。働く人びとの動機づけることは，人事管理の最重要課題である。その意味合いから上記(イ)～(ホ)の方法は，聞き手のモティベイトにとどまらず，普遍的な動機づけとしても有効であることを付言しておきたい。

⑤　エンターテイメント

　エンターテイメント(催し物，余興，演芸)のためのプレゼンテーションは，聞き手を楽しませたり，リラックスさせることである，と定義されている。

　ここでのプレゼンテーションは，③儀礼で記したことに共通している事項が多い。

　エンターテイメントの具体例としては，クリスマス・パーティ，忘年会，新入社員歓迎会，転出者送別会，園遊会などをあげることができる。そのような場面でのプレゼンテーションは，軽い挨拶，即興的なスピーチが求められている。聞き手を楽しませ，リラックスさせることが重要なので，上品なユーモアやジョークを平素から準備しておくような心掛けが必要なのである。

4.3　場所（Place）の分析

　ビジネスパーソンがプレゼンテーションをする場所としては，普通，会議室，役員室，応接室などが多く，大展示場，講堂，グランドなどは例外に属すると

いえるだろう。それらがいずれであっても，プレゼンテーションをおこなう人は，会場の所在地，環境，附属設備や配置を下調べをしておくべきである。会場に関する整備は話し手側か聞き手側のいずれがおこなうのかをあらかじめきめておかないと，両者の思い違いによって思わぬハプニングがおこるものなので十分気をつけるべきである。そのためにも，プレゼンテーションの予定時間よりも早目に会場に到着し，それらを点検しておくべきである。

会場の雰囲気，座席の配置，照明，温度，マイクの調子，話し手の位置などを事前に確認しておけば，あがる予防に役立つことはうけあいである。さらに，話し手がソフトな雰囲気の中でプレゼンテーションをしたいと思っているならば，聞き手のレイアウトは教室式よりも円卓式の方が好ましいだろう。また，聞き手に緊張感を維持していてもらいたいならば資料の事前配布をやめてその都度配布の方が有効なので，それらの細部についても十分な事前打合せをしておくべきである。

5　非言語メッセージの重要性

佐藤綾子教授は，「これまでの学校教育の中で不足しがちだった言葉以外の非言語表現の学習も重要だ」[17]と指摘している。これになぞらえて追記すると，「言葉による表現の学習」も「言葉以外の非言語表現」も学校教育の中で不足しがちなのではなく，ほとんどおこなわれていないというのが現状である。そこで，プレゼンテーションの留意点を述べるに先立って，言葉以外の非言語表現メッセージの学習がいかに重要であるかを述べることにする。

プレゼンテーションは，「聞き手に伝達し，理解させ，聞き手の態度を変容させること」であると定義されるので，ともするとプレゼンテーションの主体が言葉による表現（メッセージ）であると思われがちであるが，それは実は錯覚にすぎないのである。

「非言語メッセージが果たす役割の重要性はしばしば指摘されている。たとえば，バードホィステル（Kinesics and Context）の実験結果の試算によると，対

人コミュニケーションにおいて言語メッセージが占める割合は35％程度，残りの65％は非言語メッセージによる，さらにメーレイビアン（Communication Without Words）の発表によると，対人態度の表現における全メッセージのうちで7％が言語，38％が音声の特徴，55％が顔の表情によるということである。これらの統計の信頼性とは別に，人間コミュニケーションにおける非言語メッセージの役割は一般に考える以上に重要であるといえる」[18]のである。非言語メッセージは異文化を特徴づけるほどの要因である。それゆえに，わが国の場合はどうかということが気にかかるところである。

　NHK放送文化研究所による「日本人の言葉に関する意識調査」では"言葉より態度の方が人の本当の気持ちを表すと思いますか"という問に対して，「そう思う」と答えた人が74.1％いた[19]。いずれにせよ，これらによって洋の東西を問わず，非言語メッセージの役割が重要であることは実証されたといえよう。

　それでは，非言語メッセージとは何か。非言語メッセージについて正確な概念を示しておこう。「非言語メッセージは一般にボディ・ランゲージと同義的に受け取られているが，実際の定義や領域の設定は非常に困難である。きわめて常識的には，言語手段によらないメッセージはすべて非言語メッセージであるが，厳密にはそう簡単ではない。正確には非言語によるメッセージの送・受信は非言語コミュニケーションと呼ばれ，『非言語コミュニケーションは，言語的要素を除いた音声的特徴，身体各部の動作，身体的接触，物品，空間および時間などの非言語記号によるメッセージの相互交換過程である』と定義できる。いわゆるボディ・ランゲージは非言語メッセージの一部にすぎない。」[20]

　さらに具体的に非言語メッセージの内容にせまってみると，つぎのとおりである。

　「非言語メッセージの分類は，形態および機能力上困難であるが，ナップ（Nonverbal Communication in Human Interaction）の包括的分類が理解しやすい。①顔の表情，視線行動，手振り，身振り，姿勢などの身体伝達行動，②体系，

毛髪，皮ふなどの身体的特徴，③握る，撫でる，叩くなどの接触行動，④音声の特徴，笑い声，泣き声，咳，発話中の間などの周辺言語（Paralanguage），⑤空間，距離，縄張りに関する近接空間論（Proxemics），⑥化粧品，服装，持ち物などの物品，⑦家具，装飾品，光，温度などの環境要素の七種類である。」[21]

　これらのうち，われわれが日常生活において多く経験していながら不得意である〈顔の表情〉，〈視線〉，〈手振り〉，〈身振り〉，〈身体接触〉，〈姿勢〉について，その要因を示しておこう[22]。

〈顔の表情〉　顔は身体の中でもっとも微妙な表現力に富む部分であるが，異文化コミュニケーションでは，沈黙と並んで日本人の顔の表情の乏しさがしばしば問題にされている。

〈視線〉　「目は口ほどにものを言う」の古い諺のように，目は顔の中でも特に微妙な表現行動をする。視線の使い方は文化的に異なるが，日本文化が他人の目を恐れ，視線を避け合う文化であることは，対人段階だけでなく，演説や講演のような公的段階のコミュニケーションでも表面化する。

〈手振り〉　一般にジェスチャーと呼ばれる手振りのうち，上向きに立てられた親指が日本では「男」や「上司の代表」，アメリカでは「素晴しい」をそれぞれ意味するように言語の代用機能をもつものを表象体という。また，恥ずかしいときに日本の男性が頭を掻き，女性が口に手を当てるのは，不安や苦しさなどの不快感からの逃避行動で，適応体といわれるものである。

〈身振り〉　人間の首，肩，腰，脚などの動作がメッセージを伝達することは踊りで明らかである。うなずき方やお辞儀その他の挨拶に見られる身振りが文化的に非常に異なることは周知のとおりである。

〈身体接触〉　身体接触はもっとも原初的なコミュニケーション行動で，母親と赤ん坊は大部分この行動に頼っている。ジュラードの観察によると，喫茶店における夫婦間の一時間の平均接触回数はプエルトリコのサン・ホアンで180，パリで110，フロリダのゲインズビルで2，ロンドンで0であった。

〈姿勢〉　立位，坐位，臥位の静止状態の姿勢も形態と意味のうえで文化的に

異なる。

　文化様式を象徴する儀式，祭礼，礼儀作法では姿勢の文化差がとくに明らかになる。ヒューズによれば，人間には1,000種以上の姿勢があり，各姿勢の快適さや礼儀正しさは文化によって決定される。日本で一般的な正座やしゃがむ姿勢が欧米人には奇異で苦痛なことは一例にすぎない。上記のとおり，やや重苦しい引用を続けたけれども，これもひとえに経営学，なかでもマネジメント教育において比較的なじみが薄い非言語メッセージに関する定義や概念などを正確に理解するためである。そのうえで，プレゼンテーションにおける非言語メッセージに関する注意点を三つに絞ると，つぎのとおりである。

5.1　第一印象は大切

　プレゼンテーションは人と人との出会いからはじまるので，人に与える第一印象（first impression）は大切である。第一印象を与える要因は，服装，表情，眼鏡，時計，カバンなどの持物である。そのためには，清潔なワイシャツ，プレスのきいたズボン，きれいに磨かれた靴，落ち着いた中にもにこやかな笑顔，華美に走らない持物で身をかためることが最低必要である。聞き手に好印象を与えることは，好意をもってプレゼンテーションを受け入れてもらえるための基本条件である。したがって，"馬子にも衣裳"ということばは現代でも通用することに気づき，身だしなみには十分気を配るべきである。

5.2　敏捷な動作を

　プレゼンテーションをする会場へ入るときや，プレゼンテーションをはじめるために椅子から立ちあがり演壇にのぼる際の短い時間での動作も大切な要素である。すでにこの段階から，聞き手は話し手を観察して，自分がどのような態度で話を聞くべきかを瞬時にきめてしまうのである。表情も緊張のあまり堅くこわばらせてはならない。ほどよい笑みをたたえた落ち着いた表情をして，背筋をきちっとのばしたうえで，きびきびとした動作をするよう心がけるべき

である。適度の落ち着きによって自信を感じさせ，きびきびとした動作からは活気とスマートさを，聞き手に感じさせるものなのである。

5.3 アイ・コンタクト

"目は口ほどにものを言う"と言われるほどに，目（視線）の働きは大きいのである。その目を聞き手に向けることを，アイ・コンタクト（eye contact）という。人と話をする時は，相手の顔をみて話しをするというのが鉄則だと考えてもよい。ましてやプレゼンテーションの時は，聞き手を説得するのであるから，相手の目をみなければ反応がわからないので効果はあがらない。アイ・コンタクトの利点は，プレゼンテーションのときだけではなく，講義をする場合でも[23]，口頭発表をする場合でも有効なことはいうまでもない。

なお，アイ・コンタクトの利点としては，つぎのことがあげられる。
① 聞き手に信頼感を与える
② 聞き手の心が読めるようになる
③ 聞き手に緊張感を与える

6 プレゼンテーションの留意点

6.1 あがらないための工夫

効果的なプレゼンテーションをするためには，プレゼンテーションを成功させる条件である３Ｐ(聞き手，目的，場所)分析をおこない，非言語メッセージの重要性を十分認識することは，最低限の必要事項である。しかし，プレゼンテーションをおこなう時に，もしも，話し手が"あがって"しまっていたならば，すべての事前準備は無駄になり，まさに"水泡に帰す"のである。

なお，ここでいう「あがるとは，(血が頭へのぼる意から)のぼせてぼうっとする，平常の落着きを失う。」(『広辞苑』)意味であり，"指名され，高鳴る胸をおさえつつ，マイクに向う話し方教室"という状態を指している[24]。

では，どのようにして，あがらないための工夫をすればよいのだろうか。
岸恒男氏は，企業研修の長年の経験から，つぎのようにアドバイスしている[25]。
・事前準備に十分な時間をかける
・受講者の中のやさしそうな顔をしている人だけをみるようにする
・先に受講者をリラックスさせる
・自分の能力はこの程度と開き直る
・自分にあがらないと暗示をかける
・なるべくみんなの目や顔をみる
・あがるのは最初の5分間だと自分に言い聞かせる
・あがっているのは，だれも気づいていないと自分に言い聞かせる
・講師はだれでもあがるのが当たり前と思う

また，長谷川寿一氏は「効果的な発表」[26]の中で，あがらないためにはという小見出しでは，つぎのように述べている。

「スポーツの競技会や音楽の発表会などと同様に，いったん始まれば，むしろ気が楽になります。ですから，『あがる』ということについて，あまり気にかけることはないのかもしれません。しかし，発表の途中で混乱してしまい，我を忘れそうになる人がいることも事実です。混乱してしまう原因は，たいていの場合，あきらかな準備不足か，緊張が緊張を生み，脇道に入って本筋に戻れなくなってしまうか，のどちらかです。前者に対してはアドバイスすべきことは何もありませんが，後者の理由による混乱を避けるには，なによりもリハーサルが有効です。」

6.2 プレゼンテーションのスタート

メーレイビアンの公式によると，対人態度表現のうち言語はわずか7％にすぎないことを承知しながらも（なお，音声の特徴は38％，顔の表情は55％），プレゼンテーションの主役は依然として言語なのではないかと思われるほどに言語は目立つのである。それだけに，プレゼンテーションに関する留意すべき

Ⅲ　プレゼンテーションの効用と発揮方法　79

点はたくさんあるが，ここでは主として福田健氏の考えに則して[27]，筆者流の説明をするとつぎのとおりである。

1）いきなり話し出さない

　プレゼンテーションをはじめるにあたって「いきなり話し出さない」ことが肝要である。それに先立って交換するお互いの挨拶でも，一呼吸おいた方がよい。この一呼吸が「間」といわれるものであり，2〜3秒というところであろう。間による第一の利点は，話し手の気持を落ち着かせることができるのである。「あがる」ことを防ぎ，聞き手を見つめる時間的余裕をつくることが必要なのだ。

　第二の利点は，数秒間の間によって生じる沈黙あるいは静寂によって，聞き手の注意を引きつけられることである。大勢の聞き手がいる場合，プレゼンテーションがいつはじまるかわからないこともあって，会場がざわついている時などは特に有効である。

　第三の利点は，間をとることによって，その場にいる聞き手(聴衆)を分析することができることである。すでに4節「プレゼンテーションを成功させる条件」において，聞き手を分析する方法をじっくりと取組んだわけであるが，この場での聞き手の分析は雰囲気をつかむためだといってもよいだろう。

　重苦しい雰囲気の時には軽やかに，浮ついている時には気合を入れてプレゼンテーションをはじめるなど，その場での情況判断は欠かすことはできない。出だしの間は，それほど重要なのである。

　なお，間のとり方はスタートの時だけではなく，言葉と言葉との間，すなわち話し言葉の中にも適度な間が必要である。この場合の間は，聞き手の言葉の内容を確実に受けとめさせ，そしゃくさせる時間であり，いいかえると，相手の頭脳の回転の早さに順応させるための時間である。したがって聞き手が大勢いる場合には，できるだけ口を大きく開けて，ゆっくりと話す必要がある。普通，日本語で話す場合の字数は，1分間に300〜400字くらいだといわれているが，近年は順次早くなっている傾向がある。なお筆者は，3分間で600〜700字

くらいが適当のスピードだと思い，講演・研修などではそれ以上早口にならないように心がけているところである。

2）声のかけ方

"look, smile & talk" がオフィスマナーの基本だといわれている。

これはプレゼンテーションにもあてはまる。

"Look" がアイコンタクトにあたり，"smile" がほほえみであり，"talk" が声のかけ方であるからである。"look" も "smile" も声をかけるための前準備にあたるのである。

声のかけ方の基本は，下記の三点である。

① 先手で

"先手必勝" は，戦争，スポーツ，囲碁，将棋などで実感済みであろう。プレゼンテーションでも同様で，会場に着いたならばタイミングよく，話し手が先手で話しかけるべきである。なぜならば，先手で声をかけることによって，心理的に相手をリードできるからである。

② 明るく

人間は不幸よりも幸福の方がよい。悲しいより楽しい方が好まれる。淋しいよりにぎやかな方が好きなはずだ。もちろん，暗いより明るい方がよいにきまっている。したがって，"smile" のある明るい声が聞き手に歓迎されるゆえんである。体調を整えたうえで，正しい姿勢で発声すれば，おのずから声は明るくなるはずである。

③ 関心事にふれる

誰でも，自分が関心をもっていることや興味をもっていることに，他人が同調したり，認めてくれることを望んでいる。したがって，プレゼンテーションの際に，聞き手の気持ちをこちらに向かわせるためには，聞き手（相手）のデモグラフィック分析をしたうえで適切な関心事を述べる必要がある。たとえば，生涯学習の分野でいえば，学生や小さい子どもをもつ親達にとっては，教育，公害，生活環境に深い関心があり，中高齢者は健康，所得，資産，社会保障に

関心をもっているので，それらの中からテーマを選ぶべきだという考えと同じである。

6.3 プレゼンテーションの三原則

プレゼンテーションの三原則として福田健氏は，①わかりやすく，②簡潔に，③印象深くをあげているので[28]，それに則した筆者流の説明を付記すると，つぎのとおりである。

① わかりやすく

プレゼンテーションの目的が相手に理解し，納得してもらうことである以上，わかりやすく話すことは当然である。しかし，世の中には，やさしいことをことさらむずかしく話す人やむずかしいことをそのままむずかしく話す人が，意外に多数いる。内容を本当に理解している人や実力のある人ほど，むずかしい内容を相手に応じて，わかりやすく噛み砕いて話すものなのである。このことから，プレゼンターはもちろんのこと，教授，教諭，研修担当者などの立場にある人はもちろんのこと，他人を指導，教育する役割のある管理者は，いかにすればわかりやすく，やさしく話せるかを真剣に工夫して，その成果を聞き手に問う責務があることを忘れてはならない。

② 簡潔に

話しことばでも，文章でも，要点をふまえた簡潔な表現がのぞましい。そのためには，"話す内容は三つあります"とか，文章の場合には箇条書きをすることも有効である。また，適切な比喩や格言を用いることも，豊富な語彙を蓄積する努力もともに欠かせるわけにはいかない。

③ 印象深く

聞き手に深い印象を与えるためには，言語，非言語表現の総合力がものをいうものだ。これこそプレゼンテーションの始めであり，仕上げともいうべきことなので，自ら進んで導入部分に体験談や失敗談を話すなど，聞き手に印象づける工夫をこらす必要がある。

6.4 プレゼンテーションの三要素

　言語によるプレゼンテーションの結びとして，八幡紕芦史氏による話し方の三要素を紹介する[29]。

　① 話し方のスピード

　"立て板に水"(すらすら話すことのたとえ)は，かならずしも聞きやすいとは限らない。アナウンサーが話すスピードの目安は，1分間に330～350字くらいだといわれている。口を大きく開けて，語尾をはっきりと，大きな声で，そのうえに間をおくように話せば，大変聞きやすい。噛み砕いて話すと，聞き手も思わず引きこまれてしまう。

　② 声の強弱

　自分の歌声に気をつける人でも，自分の話し声に関心をよせる人は意外に少ない。一本調子の話し方よりも，強弱でアクセントをつけた方が聞き手に印象づける。寄せる波と引く波が交互にくるように変化をつけることが，注意をひくコツである。すなわち，強調したいことは強い口調で，ことばとことばをつなぐ場合には弱く話すのである。

　③ 声の高低

　声の高低は，声の強弱との関係が深い。カン高い声は興奮状態をあらわし，低い声は悲しみや不快感をあらわすときに出やすい。わざわざ声色を使う（役者・芸人などのせりふをまねる芸。声帯模写）必要はないが，まずは自分の話し声の音色に関心をもち，そのうえでT・P・Oをわきまえて使いわける器量がのぞまれている。

表Ⅲ－1　口頭発表採点表

発表者名		合計点		採点者名	
	評価項目				評価点
論旨（内容）	1．内容は首尾一貫しているか				-5-4-3-2-1-
	2．具体例，格言，エピソードなどが入っているか				-5-4-3-2-1-
	3．感動を与えたり，役に立つ内容か				-5-4-3-2-1-
	4．黒板や資料などを上手に使ったか				-5-4-3-2-1-
態度	1．落ち着いて話をしているか				-5-4-3-2-1-
	2．アンコンタクト（相手の目をみて）して話をしているか				-5-4-3-2-1-
	3．正しい姿勢で話をしているか				-5-4-3-2-1-
音声	1．声ははっきりしており，聞きやすいか				-5-4-3-2-1-
	2．語尾ははっきりしているか				-5-4-3-2-1-
	3．声は明るく，はつらつとしているか				-5-4-3-2-1-

　上記のとおり，よりよいプレゼンテーションをするための心得，成功させる条件や留意点などを，多少の煩雑をもいとわずに述べてきた筆者の意図は，プレゼンテーションを実際におこなう際に役立てるためであり，単にそれらの知識(理屈)を伝授するためではない。いいかえると，プレゼンテーションに関する知識を知っているだけでは意味がなく，プレゼンテーションを実践するときにそれらを生かしてこそ，はじめて価値が生じると考えているからである。

　要するに，畳水練(畳の上で水泳の練習をする意味，転じて方法は知っているだけで実際の練習はしていないこと，また理屈は知っていても実地に役立てられないこと)では，いけないのである。そのために筆者は，研修生や学生に対して，即興的には「春」「夏」「秋」「冬」の季題のほか，「家族」「趣味」「学生時代」など身近なテーマを，また宿題としては「企業のあり方」「私のライフプラン」「国際社会における日本の役割」などのテーマに課して三分間スピーチをおこなわせ，プレゼンテーションの実践的訓練をしている。その際プレゼンテーション(話し手)を評価する基準には「口頭発表採点表」を用い，採点

者(評価者)にはプレゼンテーター以外の仲間に採点させている。

7 プレゼンテーションに有用なヒント

問題意識さえあれば，どんなにわずかな情報をも見逃すことはない。その逆に問題意識がなければ，貴重な情報の価値を生かすことはできない。まさに"猫に小判"や"豚に真珠"のたとえどおりである。

筆者は目下プレゼンテーションに関心を持ち続けているので，それらに関連のある情報にも目をくばり，それらを積極的に活用すべきだと考えている。そこで，誰れでも問題意識さえあれば比較的容易に入手できるプレゼンテーションに関する情報のいくつかを紹介する。

7.1 二重の表現をいましめる

作家・阿刀田高氏は，「夜の風見鶏」と題するコラムで，つぎのような随筆を書いている。「言葉遊びの一つに次のようなものがある。『いにしえの昔の武士のさむらいが木曾の山なか山中で，馬から落ちて落馬して女の婦人に笑われて，赤い顔して赤面し，家に帰って帰宅して，小さな小刀で腹を切って切腹し…』と続いていく。ただの遊びでなく，二重の表現をいましめる教訓が含まれている。(中略)

ここまでひどい例はともかく，あとで後悔，月夜の晩，いまわのきわ，一時間ものあいだ，一月元旦，まだ未定，見てごらん，返事を返す，伝言を伝える，張り紙を張る…などは，どうなのか。」[30)]

7.2 漢字の読み方

漢字の読み方はむずかしい。アナウンサーでも読み方を間違いやすい漢字には，つぎのものがあると新聞報道された。しかし，①〜④は，8割のサラリーマンが間違えやすい漢字だと筆者がつねづね思っているので，特に追加したものである。

Ⅲ　プレゼンテーションの効用と発揮方法　**85**

なお，読み方の正解は注に示しておくが[31]，企業研修でテストをすると6割（60点）以上の正解者は，意外に少ない。

①重複　　②相殺　　③経常　　④境内　　⑤学舎
⑥歯舞　　⑦強面　　⑧黄砂　　⑨川面　　⑩幕間
⑪色丹　　⑫他人事　⑬大舞台　⑭農作物　⑮御用達
⑯古文書　⑰言語道断　⑱物見遊山　⑲上意下達　⑳一日の長

7.3　声にも関心を

カラオケで歌うときは，誰でも，そのときの声（音程をも）には関心をもっているはずである。なぜならば，歌声には習慣的に気をつけようとしているからである。

　しかし，自分の話し声の善し悪しを気にしたり，注意をはらっている人は，はたして何人いるだろうか，はなはだ疑問である。すなわち，プレゼンテーションに関する留意点を一歩一歩着実に守りながら実践しようとしても，その最終結末ともいえる「話し声」に十分注意をはらわなければ，それまでの努力は水泡に帰してしまうわけである。アナウンサー出身の奥脇洋子さんが，「ことばのお化粧」（山梨放送）と題する著書の中で，「話し声」に関心をもちなさいと注意を喚起しているように筆者には読みとれるのである。「"声は人なり"についていえば，ことばに対するセンスはもちろん，個性，品位，社会的地位，識見に至るまで，また別の見方をすれば，その日，その時の心の明暗も複雑微妙な心理状態も，喜怒哀楽に至るまで…ことばはその時，その時における，その人のありようを表わしている。」[32] 話しことばには，高い声，低い声，明るい声，暗い声，やさしい声，ドスのきいた声，しぶい声，甘い声，冷たい声，色っぽい声，落ちついた声，おどおどした声などがある。

7.4　低音化進む

テレビでニュースを読む女性アナウンサーの声が4年前に比べて，低くなり，

抑揚は大きくなったことが，粕谷英樹・宇都宮大学教授らの調査であきらかになった，と新聞が報じた[33]。「調査は女性アナウンサーとキャスター計10人（NHK4人と民放6人）が読んだニュースの声を，4年前の調査結果と比較した。声の高さを示す平均基本周波数についてみると，4年前には198-269ヘルツと比較的かん高い声だったのに対し，今回は191-242ヘルツと低くなり，米国の159-202ヘルツに近づいていた。全体の平均値をとってみると，前回230ヘルツ，今回216ヘルツ，米国は188ヘルツ，米国のアナウンサー並みの低さの人は前回1人だけだったが，今回は3人に増えていた。一方，抑揚は4年前も米国より大きかったが，その差は今回，さらに大きくなっていた。前回と比較できた4人は全員，声が低くなり，メリハリがついた。（中略）

粕谷教授は，4年前と比べて変化した理由について『放送局が声の大切さを意識するようになった表れではないか。学生6人に目隠ししてニュースを聞かせたところ，全員が"前回より今回の方が落ちついて聞きやすい"と答えた』と分析している。『高齢者や難聴者にとって，速くて高い声は聞き取りにくい。駅のアナウンスや選挙演説も含め，音の量や質の問題を，社会全体で考えていく必要がある』とも指摘している。」

要するに，この調査から低音の方が落ちついて聞きやすく，聞く人に信頼感を与えることがあきらかになったのであるから，この調査結果をもプレゼンテーションに応用すべきであると思うのである。

注）
1） 長坂寛『管理者のための実践経営学』マネジメント社，1991年，pp. 172〜174
2） 海保博之編『プレゼンテーション』共立出版，1995年，p. 142
3） 同上
4） 八幡紕芦史『パーフェクトプレゼンテーション』生産性出版，1995年，p. 52
5） 北岡俊明『ディベート入門』日本経済新聞社，1995年，pp. 34〜45
6） 津田眞澂『日本の経営文化』ミネルヴァ書房，1994年，p.205　なお，ミド

ルの著書は絶版のため入手不可能で，この箇所は孫引きであることをお断りしておく。
7) 同上，p. 202
8) 佐藤綾子稿〈自己表現，中国流に東の『知』〉「日本経済新聞」1995年9月11日
9) 同上
10) 2）と同じ「はじめに」
11) 8）と同じ
12) 8）と同じ
13) 6）と同じ，p. 203およびp. 205
14) 4）と同じ，pp. 9〜75
15) 4）と同じ，pp. 54〜63
16) 4）と同じ，pp. 62〜63
17) 8）と同じ
18) 古田暁監修『異文化コミュニケーション』有斐閣，1997年　pp. 91〜92
19) 4）と同じ，p. 151
20) 18）と同じ，p. 92
21) 18）と同じ，p. 95
22) 18）と同じ，pp. 95〜97
23) たとえば，岸恒男『眠くさせない講義法』日経連，1994年
小林康夫・船曳建夫編『知の技法』東京大学出版会，1994年　p. 244
24) 奥脇洋子『ことばのお化粧』山梨放送，1979年
25) 岸恒男『眠くさせない講義法』日経連，1994年　p. 74
26) 前掲『知の技法』東京大学出版会，1994年　pp. 245〜246
27) 2）と同じ，pp. 147〜153
28) 2）と同じ，pp. 155〜157
29) 4）と同じ，pp. 166〜167
30) 阿刀田高稿〈夜の風見鶏〉「朝日新聞」1995年9月24日
31) ①ちょうふく②そうさい③けいじょう④けいだい⑤まなびや⑥はぽまい⑦こわもて⑧こうさ⑨かわも⑩まくあい⑪しこたん⑫ひとごと⑬おおぶたい⑭のうさくぶつ⑮ごようたし⑯こもんじょ⑰ごんごどうだん⑱ものみゆさん⑲じょういかたつ⑳いちじつのちょう
32) 24）と同じ
33) 〈女性アナの低音化進む〉「朝日新聞」1996年3月1日

Ⅳ リーダーシップの資質と育成

1 リーダーシップに関する考察

　リーダーシップほど，安易かつ頻繁に用いられている言葉は少ないと思う。いわく，「リーダーシップを発揮しろ」とか「リーダーシップらしく振舞え」等々である。管理者のリーダーシップを論じる場合，最低限確認しておくべきことは，ヘッドシップ，マネジャーシップ，リーダーシップの峻別と統合のことであり，さらにはシップ（Ship）の意味についての考察であろう。

　山田雄一教授は，管理者のリーダーシップを考えるにあたっては，「管理者はヘッドシップ，マネジャーシップ，およびリーダーシップという三重の性格を複合的に具備している存在という事実を前提とすべきであり，この三重性格を解きほぐすことが，管理者のリーダーシップを解明することにほかならないということである」[1]といっておられる。その上で，ヘッドシップ，マネジャーシップ，リーダーシップについて，つぎのように定義されている。

　ヘッドシップとは，ある人物が管理的職位に就任することによって発生する周囲への影響である。たとえば，ある個人が，課長という管理職位に任命される以前と以後とでは，周囲の人びとが彼（彼女）に対してとる態度に，変化が認められるはずである。

　マネジャーシップとは，管理的職位に就任した人物に対して組織が公式に期待する役割行動である。（中略）その具体的内容は，職務の定義，資格要件の明確化，人材の選定，教育訓練の実施，動機づけ，執務基準の明示の六つのステップから構成されるマネジメント・サイクルを，螺旋状に推進しつつ組織の運営に当たることである。

　リーダーシップとは，ある人物が事実上発揮する影響力である。

　前記の定義であきらかなとおり，管理者のリーダーシップを論じる場合には，

リーダーシップ一般論ではなく，ヘッドシップ，マネジャーシップ，リーダーシップという三種類の影響力の重ね絵を認識すべきであり，その中核はマネジャーシップであることを知るべきだと思う。

つぎにとりあげたいことは，リーダーシップ研修をする必要上，リーダーシップ（leadership）という言葉の語尾についているシップ（ship）についての考察である。shipとは英和辞典によれば，名詞に附して状態・身分・職・在職期・技量・手腕等を示す名詞であり，おのずからリーダーとリーダーシップとは違った使い方をしなければならないことが判明する。なお，shipがつく言葉で普通使われるものに，スポーツマンシップ（sportsmanship＝運動選手らしく正々堂々とした精神や態度），セイラーシップ（sailorship＝船乗り魂），クラフトマンシップ（craftmanship＝職人気質）などがあるが，それらにはプロとして誇りともいえる精神，態度，気概，こだわりを感じるのである。そのために，リーダーシップに対して今後とも厳密な考察を重ねなければ適切なリーダーシップ研修はできないことを自覚したうえで論を進めることにする。

さて，21世紀のリーダーシップはどうあるべきかを考える際の参考に供するために，ここにジョン・P・コッター教授の主張を簡潔に紹介しておこう[2]。なぜならば，そこにはわれわれが今世紀に直面するであろう，リストラクチャリング，リエンジニア，戦略転換，企業買収，ダウンサイジング，クオリティー向上計画，企業文化改革などの大規模変革が描かれており，その変革推進役であるリーダーシップのあり方がつぎのように指摘されているからである。

① 企業内に十分な危機意識を生みだす
② 変革する推進する連帯チームを形成する
③ ビジョンと戦略を立てる
④ 変革のためのビジョンを広範にコミュニケートする
⑤ 変革に必要とされる広範な行動を喚起するために人材をエンパワーする
⑥ 変革の勢いを維持するために短期的成果を挙げる
⑦ 短期的成果をいかして，さらに数々の変革プロジェクトを成功させる

⑧ 新しく形成された方法を企業文化に定着させ，より一層たしかなものにする

さらに，リーダーシップの資質を論じる場合，経営者，管理者，学長，校長，軍人，武将等のそれらは微妙な相違があることに気づき，注意しなければならない。しかし，いずれの場合でも，リーダーシップの資質説は，リーダーとして具備すべき一定の素質・能力を重視したうえで，歴史上の多くの指導者の資質を検討することによって共通要因をとりだしたものであることを承知しておくべきであろう。

1.1 ビジネス・リーダーの資質

まずはじめに，ビジネスにおけるリーダーシップの資質から吟味することにする。それらを列挙すると，つぎのとおりである。
○ 自信，個性，活力，意思伝達力，判断力，聡明（アーウィック）
○ 肉体的・精神的活力，目的意識と指導力，熱意，親切と愛情，誠実，技能（ティード）
○ 体躯，技能，技術，知覚，記憶力，想像力，決断力，不屈の精神，忍耐力，勇気（バーナード）

これをさらに，経営者としてのリーダーシップに必要な資質にしぼってみると，次のとおりである[3]。

① 柔軟な考え方のできる者
② 先見性のある者
③ 洞察力のある者
④ 熱意・創意・誠意のある者
⑤ よい意味で物好きな者
⑥ モノの見方が偏っていない者
⑦ 決断のある者
⑧ 数字に関心の強い者

Ⅳ　リーダーシップの資質と育成

前記の資質の妥当性を示すために，多少の重複を承知のうえで，元帝人社長の故大屋晋三氏が，"元来経営者が具備すべき必要条件"としてあげた資質を紹介すると，下記のとおりである。

① 鋭いセンス
② 広い視野
③ 深い洞察力
④ 周到な分析力
⑤ 的確な判断力
⑥ 入念な総合力
⑦ 果断な実行力
⑧ 粘着性のある推進力
⑨ 迅速な適応性
⑩ 厳しい責任感

さらに，リーダーシップの資質についてのアンケートによる調査結果を二つ示すと，次のとおりである。

その一つは，三菱総合研究所の「企業におけるトップ・マネジメント組織と意思決定」に関する調査による"取締役に要求される資質・能力"である。

なお，パーセンテージの数字は，3項目ずつの重複回答の集計結果である[4]。

① 将来の洞察力　25.2%
② 社内の指導力　16.2%
③ 想像性，進取性　10.2%
④ 環境への適応　8.9%
⑤ 総合力　8.3%
⑥ 目標設定能力　5.5%
⑦ 社会的責任感　4.3%
⑧ 情報の把握力　4.1%
⑨ 全社的調整力　4.0%

⑩ 軌道転換能力　3.6％
⑪ 情報の活用力　3.2％
⑫ 迅速力　2.9％
⑬ 体力　2.8％
⑭ 専門的な知見　0.4％
⑮ 葛藤処理能力　0.4％

その二は，経営者に要求される資質と管理者に要求される資質とが微妙に相違することを認識するために，両者を対比できるよう作成したものである[5]。

この対比表では，経営者としてのリーダーシップを発揮するために要求される資質と管理者とそれとのウエイトづけ(重要度)が相当程度異なることをあらわしている。

例えば，「統率力」は経営者にとっては第1位(98.6％)であるが，管理者にとっては第3位(80.3％)である。同様に，「先見性・洞察力」は経営者にとっ

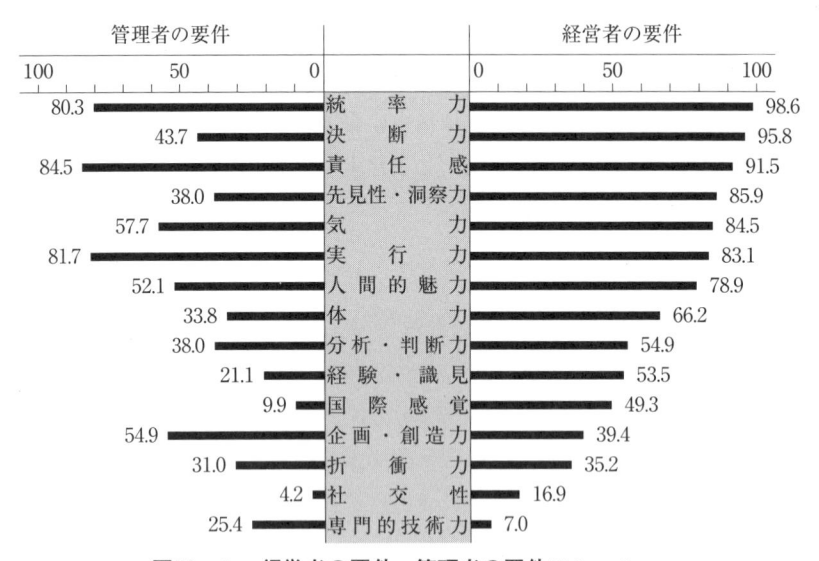

管理者の要件		経営者の要件
100　　50　　0		0　　50　　100
80.3	統　率　力	98.6
43.7	決　断　力	95.8
84.5	責　任　感	91.5
38.0	先見性・洞察力	85.9
57.7	気　　　力	84.5
81.7	実　行　力	83.1
52.1	人間的魅力	78.9
33.8	体　　　力	66.2
38.0	分析・判断力	54.9
21.1	経験・識見	53.5
9.9	国際感覚	49.3
54.9	企画・創造力	39.4
31.0	折　衝　力	35.2
4.2	社　交　性	16.9
25.4	専門的技術力	7.0

図Ⅳ-1　経営者の要件，管理者の要件(単位：％)

ては第4位(85.9%)であるが，管理者にとっては第9位(38.0%)とやや重要度は低くなっている。

一方，その逆に，「企画・創造力」は経営者にとっては第12位(39.4%)と低いが，管理者にとっては第5位(54.9%)と高く，また「専門的技術力」は経営者にとっては最下位の第15位(7.0%)であるが，管理者にとっては第12位(25.4%)とやや重要視されているのである。とはいえ，経営者と管理者の両者に共通する資質項目としては，「統率力」「決断力」「責任感」「先見性・洞察力」「気力」「実行力」「人間的魅力」などがあることに注目しておく必要がある。

なお，この種のアンケート結果については，一定の制約というべきか，限界があることを承知したうえで理解することが肝要である。なぜならば，アンケート用紙に記載される質問項目の語彙には一定の限界があるので，回答者は自分の気持ちをその範囲内で表現しなければならないからである。

1.2 軍人にみるリーダーの資質

リーダーシップに関する研究は，広範囲におよんでいる。ここに紹介するリーダーシップに要求される資質は，軍人に関するものである[6]。第二次大戦後に，米軍における優秀な指揮官の行動や経歴について調査が行われた。その調査方法は，兵士から将軍までの全軍人によって優秀な指揮官と評価された人々が有している資質をあげてもらったものである。その結果，下記に示すとおり，1951年では「注意深いこと」「態度」「勇気」「決断力」「信頼性」「忍耐力」「熱意」「威力」「謙譲」「ユーモア」「積極性」「廉潔」「知性」「判断力」「公正」「誠実」「同情」「要領（コツ）」「私心のないこと」の19項目の資質を有することが，優秀な指揮官の条件であることが判明した。

しかし，1958年版の「米軍教範」では，「注意深いこと」「威力」「謙譲」「ユーモア」「同情」の5項目の資質が削除され，1961年版でも14項目となっている。また，1965年版では，「人間関係の機知」と「私心のないこと」が削除さ

表Ⅳ-1　リーダーシップの資質としてとりあげている項目の推移

1951年		1958年		1961年	1965年
注意深いこと	×	誠実	↘	態度	態度
態度	↓	知識	↘	勇気	勇気
勇気	→	勇気	→	決断力	決断力
決断力	→	決断力	→	信頼性	信頼性
信頼性	→	信頼性	→	忍耐力	忍耐力
忍耐力	↘	積極性	↘	熱意	熱意
熱意	↘	人間関係の機知	↘	積極性	積極性
威力	×	公正	↘	誠実	誠実
謙譲	×	熱意	↗	判断力	判断力
ユーモア	×	態度	↗	公正	公正
積極性	↗	忍耐力	↗	知識	知識
廉潔	×	私心のないこと	↘	忠誠心	忠誠心
知性	↗	忠誠心	→	人間関係の機知	
判断力	→	判断力	↗	私心のないこと	
公正	↗				
誠実	↗				
同情	×				
要領（コツ）					
私心のないこと	↗				

（注）　1951、1958年版の欄の右隅の記号　×次の改訂で削除された
　　　　　　　　　　　　　　　　　　　　↘ 〃 〃 より低い記述順位となった
　　　　　　　　　　　　　　　　　　　　↗ 〃 〃 より高い記述順位となった
　　　　　　　　　　　　　　　　　　　　→ 〃 〃 記述順位不変
　　　　　　　　　　　　　　　　　　　　　　　（米軍教範1951-1965年版）

れて，最終的には12項目の資質が必要であることが示されている。

　さらに注目しておきたいことは，1951年，1958年版の各資質の右側に記されている↘，↗，→の記号である。なぜならば，各年版の資質は重要度順に記載されているので，時期（環境）によって，資質の重要度が変化している様子を，これらの記号が如実に示しているからである。

　これは，リーダーシップとは，ある状況下にあっては変化するという，"リーダーシップの行動説（ないし状況説）"を立証しているのである。

　歴史的には，T型自動車の大量生産に成功したフォードが，停滞期にも同様

なリーダーシップを発揮しようとして失敗したことが記録されている。

また実践的には，課長としては，よく部長を補佐して部下を統率できた人が，部長に昇格したとたんに，部下から浮きあがってしまい信頼を失い"部長失格"の烙印をおされる人がいる。

これなどは，"リーダーシップの行動説（ないし状況説）"の典型である。

2　リーダーの資質育成の手懸かり

前記した各種のリーダーシップに要求される資質は，経営者，管理者，学長，校長，軍人，武将，政治家等のそれぞれの立場によって異なること，しかも，それらが状況によっても要求される重要度が微妙に変化することを知ることが大切である。

さらに注意しなければならないことは，これらの資質のすべてを備えている人は少ないことである。もしも，すべてを備えている人がいれば，その人は歴史に残る人物であるという逆説的ないい方が成り立つわけである。

したがって，われわれの研究目的は，リーダーシップに要求される資質を，多数の文献を渉猟して，網羅的かつ平面的に列挙して誇示することでもなく，また提供することでもない。それらはあくまでも，リーダーシップ育成の目標であり，手本とすることにあるわけである。別な表現を用いれば，額縁に入れる文言であり，児島襄氏の言葉を借用すれば，「聖者の条件」を示す作業をしていることになる[7]。それゆえに，ひとまず各分野のリーダーに要求される資質を確認し，吟味してもらいたいと思う。その確認作業が終了次第，それらすべての資質をどうすれば育成できるのか，特に自分自身に欠落していると思われる資質は何か，その資質を育成する手懸りを模索してもらいたいのである。

さもなければ，リーダーシップの資質についての知識はあるけれども，実践の場でリーダーシップが発揮できない，俗に書斎派，文献派，学究派というそしりをうけることにもなりかねない。とはいえ，リーダーシップに関する文献は比較的多数あるが，資質の育成方法を具体的に論じた文献は皆無であるとい

えるほど少ない。それほど，リーダーシップに要求される資質を育成する方法について研究がされていないといえる。だからといって，資質を育成しなければ，期待される，あるいは望ましいリーダーも誕生せず，リーダーシップが発揮されるはずもない。言い換えると，資質が育成できなければ，いくら資質を列挙したところで意味がないのである。

そのような状況下で，資質育成の示唆を与えてくれる文献が，既述した「米軍教範」であり，この貴重な資料を発掘し，紹介できる喜びは何物にもかえがたいほど大きい。

これに力をえて執拗に「米軍教範」以外に，資質を育成する手懸りを探し続けているところである。その結果，特に「経験や学習によって向上できない」[8]といわれている資質のうち，「人間的魅力」「勇気」「不撓不屈」「寛容」「正義」「正直」に関する育成ヒントを得ることができた。まず，常にリーダーシップの資質として最上位にランクされている「人間的魅力」を増す方法を考察する。

いうまでもなく，「人間的魅力」とは，いろいろな資質が複合されたものだけに，その育成はむずかしく，それだけにわずかな手懸りでものどから手が出るほどほしいのである。

「第1に『魅力を出そう』と思ったところで出てくるものではないし，また，それがある人にとっては魅力であっても，他の人は『何も感じない』と，そっぽを向くかもしれない。それでいながら，『魅力がある』ということも厳然たる事実だし，『魅力がない』ということも，また厳然たる事実である。しかも，最後にものをいうのはやはり，魅力である。ところが，この複雑怪奇な，ややこしい『魅力』を，あえて分析した学者がいる。

明末の碩学，呂新吾で，その著『呻吟語』の中で明確に三つに分けている。

　深沈厚重ナルハ是レ第一等ノ資質

　磊落豪雄ナルハ是レ第二等ノ資質

　聡明才弁ナルハ是レ第三等ノ資質

Ⅳ　リーダーシップの資質と育成

そしてさらに次のような解説をつけ加えている・

『厚重深沈ナルハ，是レ第一等ノ美質ナリ。天下ノ大難ヲ収ムル者ハ此ノ人ナリ。天下ノ大事ヲ辯ズル者ハ此ノ人ナリ。剛明果断ナルハ之ニ次グ。其ノ他，浮薄ニシテ，好ミテ任ジ，能ヲ翹テテ自ヲ喜ブハ，皆，行，逮バザル者ナリ。即シ，諸ヲ行事ニ見ハセバ，施為，術ナク，反ツテ以テ事ヲ憤ル。此等ハ只ダ議論ノ科ニ居ルベキノミ』[9]」。

次に，「経験や学習によって向上できない」といわれている「勇気」の育成ヒントを考察する。

「建仁寺にいた栄西が『人は生まれた時は誰れの心も無垢の仏だが，歳をとるにしたがい，いろいろな欲が出てくる。この欲が本来の仏を覆ってしまう。自分の心にこの欲があることを自覚したとき，その人は欲を無くしたと同じである。

この欲を取去ったときに本質である珠玉（仏）が現われるのだ。そして，それは自分の努力でしか引出すことができない。だから修業するのです』。

勇気をもつということも同じことだと思うんですよ。本来，勇気をもっている人間が，なぜ勇気ある行動ができないかというと，こんなことを言うと人気がなくなるとか，失敗したら責任をとらなくてはならないとかの欲のために勇気が出なくなってしまうのです。

何百年もたった檜は，真黒な皮をかぶっているでしょう。でも，皮をはいだら中身は真白ですよ。これと同じで黒い皮をはぎとれば勇気が出てくるんです」[10]。

3番目に「不撓不屈」の精神の育成ヒントを紹介する[11]。

「不撓」の魂については，北斎の生き方が参考になる。

「貧困，世間に媚びない，転居をくりかえした北斎は，自分の意志を枉げない強烈な自我意識の持主であった。そのような意識を植えつけたのは，天賦の才もさることながら，幼年期の逆境が大きく影響しているように思われる。別言すれば，逆境が才能を磨いたのだ。彼は，才能を武器としつつ，生涯，反抗の姿勢を崩さなかった。」

一方,「不屈」の精神については, ベートーヴェンの生き方が参考になる。

28歳のとき耳の疾患をえたベートーヴェンは, 不治の耳の病に苦悩し, 貧困にあえぎ, "永遠の女性" との愛も実らない運命に耐えながら "楽聖" の名にふさわしい名曲を多数創作したのである。

「忍従と不屈, 一見矛盾するようだが, 運命に耐えることこそ運命に挑戦し, 運命を克服することなのである。そのために必要な力とは, 不屈の精神そのものなのである。」

4番目に,「寛容」の育成について考察する。その際, カトリック側からはプロテスタント派と目され, プロテスタント派からはカトリック側と指弾されたエラスムスの生き方が参考になる。

「エラスムスが何よりも嫌ったのは, 争いだった。けれど, 人間社会に争いはつきものだ。そして, 対立が深まれば深まるほど, 闘争は熾烈になる。そうした争いにまきこまれないための最も賢明な方法は, どちらにもつかないこと, いかなる党派にも身を置かないことである。エラスムスは最後まで, その方針をつらぬき通した。徹底的な中立主義といってもいい。」

5番目は,「正義」の育成ヒントを夏目漱石の『坊っちゃん』に求めることにする。

「人間は昔から理想郷を求め続けてきた。ユートピアへ近づく道はふたつある。

第一は人間社会から逃げ出すこと, すなわち人里離れた自然の中に庵をむすんで, 俗世間とつきあわないという逃避行である。

第二は, 反対に, 社会のただなかで, 自分の思いどおりに振る舞う勇気を持つことだ。まわりから自分がどのように見られても, 平然と構える。つまり, 自分の信念を貫き, 思いどおりに行動するというやり方である。後者はたしかに勇気が必要だ。そして, 勇気を持つには, 自分を正しいと信ずる情熱がなければならぬ。『坊っちゃん』がえらんだのは, 第二の道だった」。

6番目に, しかも最後に,「正直」の育成ヒントを, 良寛の生き方に求めた

いと思う。

　「正直に生きるということは，たいへんむずかしい。だれもが正直に生きたいと思っているにちがいないが，正直者はいつの世にあっても，バカを見る破目につき落とされるからである。そこで，正直のうえには，必ずバカがつくことになる。バカ正直だ。しかし，それを覚悟の上で生涯，正直をつらぬき通した人物がいる。越後の良寛である。だから彼は，みずからを『大愚』，すなわち大バカ者と称したのである。」

　このようにして，上記に示したようなリーダーシップに要求される資質を向上・育成するヒントを求める作業は，こんにちもまた懸命に続けている。この作業の結果は，個人的立場からは人格形成のために重要であるし，また，経営者，管理者，学長，校長などの教育に不可欠であり，いかに有効であるかは自明であろう。

3　リーダーの資質育成策

　ではここにおいて，前記した「米軍教範」でとりあげているリーダーシップの資質を育成する方策を紹介する[12]。

(1) 「態度」を育成するためには
　① 外見や品行が模範的でなければならない
　② 野卑な行為を避け，下品な言葉を使用しない
　③ 飲酒には節度をつける
　④ 個人的行動に極端に走らないこと
　⑤ 常に品位のある身だしなみを維持する

(2) 自己の「勇気」(肉体的勇気と精神的勇気) を十分発揮するためには
　① 恐怖に対する自己の反応性を理解する
　② 自己修養につとめ，危険や災害に対する恐怖心を冷静に抑制する

③ 自己の思考過程を正しく理解し，身体におよぼす危険や災厄を過大視しない
④ 一般的な非難に当面しても，正しいことを押し通す
⑤ 自己の失態に対して責任をとる

(3) 「決断力」を育成するためには
① 自己の行為に自信を持ち，躊躇(ちゅうちょ)しない。また「さぐり」を入れない
② 事実を把握して決心し，確信を持って命令する
③ 自己の決意が，理論的に正しいかどうか，常に再検討する
④ 他人の行為を研究して自己の見解を広めるとともに，他人の成功や失敗について学ぶ

(4) 「信頼性」を育成するためには
① 言いわけをしない
② 自己の所信にかかわりなく，能力を最高度に発揮して職務を遂行する
③ 綿密かつ正確である
④ 几帳面な習慣をつける
⑤ 命令の意味を正確に理解し，命令の意図するところや真意にもとづき命令を遂行する。命令の意味について二者間に相違があるときは，関係者で明確化してもらう

(5) 「忍耐力」を育成するためには
① ときどき自己の体力・気力を激しく働かせて，自己の忍耐力を実際に試みる
② 能力の及ぶ限り仕事を遂行する

(6) 「熱意」を育成するためには
① 自己の使命を理解する
② 積極的であること
③ 熱意は一般に伝播するものであるから，上司は職務の完遂を目標に努力を傾倒する
④ 職務に対する気力をなくしてはならない。公務を個人の意思によって日延べしたり，努力を控え目にしない

(7) 「積極性」を育成するためには
① 精神的にも肉体的にも機敏性を持つ
② 為すべきことを判断し，自ら進んで，躊躇せず着手しうるよう自己を訓練する
③ 事前に熟考して先手を打つことを学ぶ
④ 事を予想し，自ら進んで責任を引き受ける
⑤ いざという場合に役立つもっとも効果的な処置を，もっとも効果的な要領で利用する

(8) 「誠実性」を育成するためには
① 常に正直にかつ確実にものごとを実行する
② 公式・非公式を問わず，あらゆる声明は正確に真実を述べる
③ 正当と信ずるところに向かって進む
④ ものごとを処理する場合，正確に職務を認識し，特に節操を重視する

(9) 「判断力」を向上させるためには
① 状況判断を実施する
② 解決しなければならない状況を予想して危急の際に備える
③ 無分別な早まった解決はしない

④ 良識のある心構えで問題の解決にあたる

(10) 「公正」の向上を図るには
① 処罰は公平に，矛盾なく，敏速に，自己の主観にとらわれず，客観的である
② 個々の問題そのものの真価をよく考える
③ 威厳を保ち，人間的理解をもって個人的に処置する
④ 自己に先入観があるかどうか，自分の心的態度をよく調べ，独断で事を決定しないよう意識的に努力する
⑤ 公明正大な先輩の扱った問題を分析検討する
⑥ 個人の非行でグループを罰しない
⑦ 自己に偽りなく誠実である
⑧ 推賞・表彰に値する部下の功労を認め，上司は処罰だけをするものと誤解させない
⑨ 処罰は一時的なものであり，改心を要求することが本旨であると自覚させる
⑩ 「えこひいき」なく公明正大にふるまう

(11) 「知識」を増進させるためには
① 日刊新聞・週刊誌を読んで，時事ニュースを正確に客観的に検討する
② 自己の経験と他人の経験を綿密に検討する
③ 油断なく心を配り，人の言うことに耳を傾け，観察し，理解できない問題は調査研究する
④ まじめな態度で話す習慣をつける

(12) 「忠誠心」を向上させるためには
① 部下に対する指示等の機会に，上司からの命令に対して不同意であるか

のようなそぶりは示さない
② 任務に対して能力の最善を尽くし，上司の決意を支援する
③ 部下とともに他人の個人的問題は語らない
④ 上司，部下および同僚が不当に責められた場合には立ち上がる
⑤ 部下の面前で上司の批判を絶対にしない
⑥ 人の管理のあり方を問題にする場合は思慮深く

(13) 「機知」を育成するためには
① 礼儀正しく快活である
② 他人の気持ちに対して思いやりを持つ
③ 人間関係についてのベテランである幹部の平素の行動を学ぶ
④ 人間の性質・態度に関する知識を増進するため，多くの人の性格を研究する
⑤ 快活な気分で他人と協力する習慣をつける
⑥ 寛大な態度を保持する
⑦ 自分が取り扱ってもらいたいように他人を取り扱う

(14) 「無私」の精神を育成するためには
① 自己の立場や地位を利用し，他人を犠牲にして自己の利益・安全・快楽を図らない
② 部下の問題をよく考え，現場にもっとも合った援助を与える
③ 立派に達成された業績に対しては褒める

4 道徳の徳目と育成策

すでに考察してきたリーダーシップの資質は，主としてビジネス界における経営者，管理者および軍隊における指揮官に関するものであった。そして，その資質を育成・向上する手懸りを探究して，その成果の一端は示したとおりで

3 主として自然や崇高なものとのかかわりに関すること

〔低学年〕
- (1) 自然愛、動植物愛護　身近な自然に親しみ、動植物に優しい心で接する。
- (2) 生命尊重　生きることを喜び、生命を大切にする心をもつ。
- (3) 敬虔　美しいものに触れ、すがすがしい心をもつ。

〔中学年〕
- (1) 自然愛、動植物愛護　自然のすばらしさや不思議さに感動し、自然や動植物を大切にする。
- (2) 生命尊重　生命の尊さを感じ取り、生命あるものを大切にする。
- (3) 敬虔　美しいものや気高いものに感動する心をもつ。

〔高学年〕
- (1) 自然愛、動植物愛護　自然の偉大さを知り、自然環境を大切にする。
- (2) 生命尊重　生命がかけがえのないものであることを知り、自他の生命を尊重する。
- (3) 敬虔　美しいものに感動する心や人間の力を超えたものに対する畏敬の念をもつ。

4 主として集団や社会とのかかわりに関すること

〔低学年〕
- (1) 公徳心、規則の尊重　みんなが使う物を大切にし、約束やきまりを守る。
- (2) 家族愛　父母、祖父母を敬愛し、進んで家の手伝いなどをして、家族の役に立つ喜びを知る。
- (3) 愛校心　先生を敬愛し、学級や学校の人々に親しんで、学級や学校の生活を楽しくする。
- (4) 郷土愛　郷土の文化や生活に親しみ、愛着をもつ。

〔中学年〕
- (1) 公徳心、規則の尊重　約束や社会のきまりを守り、公徳心をもつ。
- (2) 勤労　働くことの大切さを知り、進んで働く。
- (3) 家族愛　父母、祖父母を敬愛し、家族みんなで協力し合って楽しい家庭をつくる。
- (3) 愛校心　先生や学校の人々を敬愛し、みんなで協力し合って楽しい学級をつくる。
- (4) 郷土愛　郷土の文化と伝統を大切にし、郷土を愛する心をもつ。
- (3) 敬虔　我が国の文化と伝統に親しみ、国を愛する心をもつとともに、外国の人々や文化に関心をもつ。

〔高学年〕
- (1) 役割と責任の自覚　身近な集団に進んで参加し、自分の役割を自覚し、協力して主体的に責任を果たす。
- (2) 公徳心、規則の尊重　公徳心をもって法やきまりを守り、自他の権利を大切にし進んで義務を果たす。
- (3) 公正・公平　だれに対しても差別をすることや偏見をもつことなく公正、公平にし、正義の実現に努める。
- (4) 勤労、奉仕、社会公共　働くことの意義を理解し、社会に奉仕する喜びを知って公共のために役立つことをする。
- (5) 家族愛　父母、祖父母を敬愛し、家族の幸せを求めて、進んで役に立つことをする。
- (6) 愛校心　先生や学校の人々への敬愛を深め、みんなで協力し合いよりよい校風をつくる。
- (7) 郷土愛、愛国心　郷土や我が国の文化と伝統を大切にし、先人の努力を知り、郷土や国を愛する心をもつ。
- (8) 国際理解・親善　外国の人々や文化を大切にする心をもち、日本人としての自覚をもって世界の人々と親善に努める。

小学校「道徳」新学習指導要領 指導内容

第1学年及び第2学年

1 主として自分自身に関すること

項目	内容
(1) 自立・節制	健康や安全に気を付け、物や金銭を大切にし、身の回りを整え、わがままをしないで、規則正しい生活をする。
(2) 勤勉・努力	自分がやらなければならない勉強や仕事は、しっかりと行う。
(3) 勇気	よいことと悪いことの区別をし、よいと思うことを進んで行う。
(4) 誠実・明朗	うそをついたりごまかしをしたりしないで、素直に伸び伸びと生活する。

2 主として他の人とのかかわりに関すること

項目	内容
(1) 礼儀	気持ちのよいあいさつ、言葉遣い、動作などに心掛け、明るく接する。
(2) 親切	身近にいる幼い人や高齢者に温かい心で接し、親切にする。
(3) 友情・信頼、助け合い	友達と仲よくし、助け合う。
(4) 尊敬・感謝	日ごろ世話になっている人々に感謝する。

第3学年及び第4学年

1 主として自分自身に関すること

項目	内容
(1) 自立	みんなが使う物を大切にし、約束やきまりを守る。
(2) 思慮・反省	よく考えて行動し、過ちは素直に改める。
(3) 勤勉・努力、忍耐	自分でやろうと決めたことは、粘り強くやり遂げる。
(4) 勇気	正しいと思うことは、勇気をもって行う。
(5) 誠実・明朗	正直に、明るい心で元気よく生活する。

2 主として他の人とのかかわりに関すること

項目	内容
(1) 礼儀	礼儀の大切さを知り、だれに対しても真心をもって接する。
(2) 親切	相手のことを思いやり、親切にする。
(3) 友情・信頼、助け合い	友達と互いに理解し、信頼し、助け合う。
(4) 尊敬・感謝	生活を支えている人々や高齢者に、尊敬と感謝の気持ちをもって接する。

第5学年及び第6学年

1 主として自分自身に関すること

項目	内容
(1) 思慮・反省、節制	生活を振り返り、節度を守り節制に心掛ける。
(2) 希望、勇気	より高い目標を立て、希望と勇気をもってくじけないで努力する。
(3) 自由・規律	自由を大切にし、規律ある行動をする。
(4) 誠実・明朗	誠実に、明るい心で楽しく生活する。
(5) 創意・進取	真理を大切にし、進んで新しいものを求め、工夫して生活をよりよくする。
(6) 向上心、個性伸長	自分の特徴を知って、悪い所を改めよい所を積極的に伸ばす。

2 主として他の人とのかかわりに関すること

項目	内容
(1) 礼儀	だれに対しても思いやりの心をもち、時と場をわきまえて、礼儀正しく真心をもって接する。
(2) 親切	相手の立場に立って親切にする。
(3) 友情・信頼、助け合い	互いに信頼し、学び合って友情を深め、男女仲よく協力し助け合う。
(4) 寛容・謙虚	謙虚な心をもち、広い心で自分と異なる意見や立場を大切にする。
(5) 尊敬・感謝	日々の生活が人々の支え合いや助け合いで成り立っていることに感謝し、それにこたえる。

ある。

　問題は，資質の育成・向上を，わが国では，どのような機関で，いつ，どのような方法で教えているのかがわからないことである。わが国には，欧米にあるような経営大学院に相当する機関が近年にいたり設立しはじめたとはいえ，通信教育でも，大学教育でも，高校教育でも教えているとは思えないのである。したがって，結局のところ，わが国では，この種の教育はしていないのではないかと思い始めた。そのような状態に陥っているときに，小・中学校の「道徳」の徳目(項目)に注目してみてはどうかとのご示唆を森隆夫教授からいただいた。

　小学校の「道徳」の徳目(項目)は，次表のとおりである[13]。この資料を一覧して，すでにリーダーシップの資質として取り扱ってきた項目がたくさんあることに気づくだろう。すなわち，リーダーシップの資質と「道徳」の徳目(項目)との共通性，関連性があることが判明した。たとえば，「勇気」，「思いやり・親切」，「誠実・明朗」，「勤勉・努力・忍耐」，「寛容・謙虚」，「公正・公平・正義」などが該当するだろう。したがって，これらの徳目(項目)の内容ならびに指導方法は，リーダーシップの資質の育成・向上のうえで，大変参考になるということはいうまでもない。

　そこで，小学校の「道徳」における徳目(項目)のうち，リーダーシップの資質と関連の深いものを選び出して，資料名と内容を記してみると，次のとおりである。

(1) 「勇気」

　1年では「うんどうぐつ」と「みみずくとおつきさま」，2年では「先生，おしえて」と「モチモチの木」，3年では「あと，ひとこと」と「心ないことば」，4年では「なかまはずれ」と「心にひびくかねの音」によって，正しいと思うことは勇気をもって行うことを教える。

(2) 「思いやり・親切」

1年では「おばあちゃん」と「はしのうえのおおかみ」，2年では「こころの花」，「こうえんのおにごっこ」と「おひなさまがとどいたよ」，3年では「耳をおいてでかけられますか？」と「新幹線で」，4年では「みんなでさがしたコンタクトレンズ」と「心の信号機」，5年では「折り紙の花たば」と「思いもよらぬできごと」，6年では「ゆず」と「雪のぼうし」によって，だれに対しても思いやりの心をもち，相手の立場に立って親切にすることを教える。

(3) 「誠実・明朗」

1年では「よごれたてえぶるかけ」，「きいろいくれよん」と「きんのおの」，2年では「子だぬきポン」，「みかんの木のてら」と「シールのせいじゃない」，3年では「やくそく」と「ガラスの心」，4年では「百点を十回とれば」と「うそのつけないわか者」，5年では「手品師」，6年では「のりづけされた詩」によって，誠実に，明るい心で楽しく生活することを教える。

(4) 「勤勉・努力（忍耐）」

1年では「はたらけせっせ」，「また，こんど」と「しゅくだい」，2年では「がんばれポポ」，「ふしぎな木のみ」と「あとで一くん」，3年では「すりばち村のだんだんばたけ」と「ぼくだってがんばるぞ」，4年では「グレンよ，走れ」と「通やく」によって，自分でやろうと決めたことは，粘り強くやり遂げようとすることを教える。

(5) 「寛容・謙虚」

5年では「銀のろうそく立て」と「すれちがい」，6年では「ひとふさのぶどう」と「お別れ会」によって，謙虚な心をもち，広い心で自分と異なる意見や立場を大切にすることを教える。

(6)「公正・公平・正義」

　5年では「わたしはひろがる」と「愛の日記」，6年では「わたしの一票」と「どれい解放の父・リンカーン」によって，だれに対しても差別をすることや偏見をもつことなく公正，公平にし，正義の実現に努めることを教える。

注）
1）　山田雄一「管理者のリーダーシップと能力開発」岡本康雄編著『経営管理』ダイヤモンド社，1977年，p.461
2）　J. P. コッター著（梅津祐良訳）『21世紀の経営リーダーシップ』日経BP社，1997年，p.289
3）　田井野治郎「取締役の役割・心得・責任」『先見経済』1978年10月第1月曜号，清話会
4）　「三人に一人が現在の役員に強い不満」『日経ビジネス』1977年9月26日号
5）　大沢武志「経営トップの意識と性格」月刊『リクルート』1980年6月号より作成
6）　Military Leadership, 1965,「米軍の統御」米軍教範　FM22-100，陸上自衛隊幹部学校研究部，1971年1月
7）　児島　襄『指揮官（上）』文春文庫，1974年
8）　日本経営協会「中間管理者に対する経営者の意識調査」
9）　伊藤　肇『人間的魅力の研究』日本経済新聞社，1981年
10）　館林三喜男『館林語録に学ぶ』（株）リコー，1977年
11）　森本哲郎『続　生き方の研究』新潮社（新潮選書）1989年。さらに森本哲郎『生き方の研究』1989年が参考になる。北斎，ベートーヴェン，エラスムス，夏目漱石の『坊っちゃん』，良寛の生き方についての論述は，すべて森本氏の著書によるものである。
12）　6）と同じ
13）　みんなのどうとく「道徳年間指導計画」作成のしかたと実際例，学研　教科図書事業部，1998年

Ⅴ 経営計画の理論と実践

1 経済計画不要論

1.1 わが国における経済計画の実態

　経営計画論を考察するにあたり，最初に経済計画についてふれることを訝(いぶか)る人がいるかも知れない。しかし，つぎに紹介する新聞記事[1])を読むことによって，それも氷解するはずである。当然のことながら経営計画がミクロを，経済計画がマクロを対象にしているという認識のもとに，その趣旨をまとめるとつぎのとおりである。

　いっぱしの企業が，中長期の経営計画を持つのは珍しくない。この会社も，3年前に5ヵ年計画を作ったが，毎年3.5％増と見込んだ売り上げが，地をはい，社長もくるくる代わった。4人目の現社長が，計画の作り直しを命じたが，仕上げを見ずに辞めそうな気配，そんなでたらめな会社があるかって？　ありますーー「日本株式会社」日本の経済計画の第1号は，鳩山内閣が1995年に作った「経済自立5ヵ年計画」であり，現行(筆者注，1995年)の「生活大国5ヵ年計画」が12本目にあたる。わが国の経済計画の白眉(はくび)は，池田内閣の「国民所得倍増計画」であったといえるだろう。政府が明確な目標を示して，国民をグングンと引っ張ったという印象である。

　初期の計画には，それなりの重みがあり，最初の5本はいずれも想定した成長率を，実績を上回る5連勝の成績を残している。しかし，70年代以降は，2勝5敗，すなわち，計画（値）通り達成できた割合が，たった7分の1（14％）にすぎなかった。かろうじて実績が計画を上回ったのは，中曾根，竹下内閣の時に作った「1980年代経済社会の展望」と「世界とともに生きる日本」の2本

だけだった。

　日本経済が，欧米にキャッチアップする過程で，羅針盤の役割を務めた経済計画も日本が先頭グループに躍り出て，海図なき未知の海域に入ったとき，歴史的役割を終えたのではないだろうか。とはいえ，新計画作りは依然続くだろう。それは多分に，経済企画庁総合計画局という専門家集団があるからである。

　そのうえで，「『官製』の限界」，「5年先は読めず」，「成長率も外れがち」の見出しのもとに，下記の"日本経済計画一覧"が掲載されている。この一覧によれば戦績は7勝5敗であり，この結果を好成績とみるか，不合格とみるかは論者の評価の分かれるところである。その後の"政府の長期経済計画"は[2]，村山内閣の「構造改革のための経済社会計画」と小渕内閣の「経済社会のあるべき姿と経済新生の政策方針」と共に，政変のために未達成であることは当然といわなければならない。

1.2　社会主義国における経済計画の実態

　経済計画は，社会主義国家のお家芸である。したがって，社会主義国家は，経済計画の本家であるといえる。それゆえに，旧ソ連邦や中華人民共和国（中国）における経済計画がどのような結末になっているかを調べることによって，「経済計画」の問題点がクローズアップできるはずである。

　社会主義経済は国家意思にもとづく組織化と計画化の経済という特色をもつことになる。ロシアにおける最高国民経済会議やソヴィエト政府，国家計画委員会（ゴスプラン）などの諸機関は，生産されるべき一切の財貨やサービスの形態や分量を中央集権的なやり方で計画し，その実施を命令する。この場合，計画の目標が必ず民衆の生活改善におかれるという保障はない。むしろ，軍事的観点や他国産業との競争にうち勝つことが目標とされるのが常態であった[3]。

　スターリンの死去（1953年）やその3年後のスターリン批判によって，社会主

表V−1　日本の経済計画一覧

日本の経済計画一覧		
名　　称	策定時内閣	計画期間（年度）
○経済自立5ヵ年計画	鳩　山	1956〜60
○新長期経済計画	岸	1958〜62
○国民所得倍増計画	池　田	1961〜70
○中期経済計画	佐　藤	1964〜68
○経済社会発展計画	佐　藤	1967〜71
●新経済社会基本計画	佐　藤	1970〜75
○経済社会基本計画	田　中	1973〜77
●昭和50年代前期経済計画	三　木	1976〜80
●新経済社会7ヵ年計画	大　平	1979〜85
○1980年代経済社会の展望と指針	中曽根	1983〜90
○世界とともに生きる日本	竹　下	1988〜92
●生活大国5ヵ年計画	宮　沢	1992〜96
（注）○は成長率が計画を上回ったもの，●は下回ったもの		

日本の経済計画一覧		
計画名	内閣	実施期間
経済自立5ヵ年計画	鳩山	1956-60
新長期経済計画	岸	58-62
国民所得倍増計画	池田	61-70
中期経済計画	佐藤	64-68
経済社会発展計画	〃	67-71
経済社会基本計画	田中	73-77
昭和50年代前期経済計画	三木	76-80
新経済社会7ヵ年計画	大平	79-85
1980年代経済社会の展望と指針	中曽根	83-90
経済運営5ヵ年計画	竹下	88-92
生活大国5ヵ年計画	宮沢	92-96
構造改革のための経済社会計画	村山	95-2000
経済社会のあるべき姿と経済新生の政策方針	小渕	99-2010

　義圏の内部でも経済計画の改訂が日程にのぼり，とくに旧東ドイツやチェコでは経済成長が年を追って低下する傾向が見られたので，いち早く経済改革の必要性が強調された[4]。

　社会主義の経済法則の重要な一つである「計画的・均衡的発展の法則」の規定するところとなっている。したがって社会主義企業は，国民経済的計画性の一環として自己の経営計画（技術生産財務計画）をたて，その実現に努力しなければならない。ここに社会主義企業の管理原則として計画原則が不可欠なものとなる[5]。

　計画を私物化した官僚の特殊利害が共通利害にまで高められる計画に，客観性は望むべくもない。位階制の上部と下部は，調整された情報と虚偽の情報によって相互に欺き合っているのである。

　この計画が齟齬を来さないとすれば，それはヤミ経済が潤滑油になっているからである。だが，それはそれで計画を攪乱し，非効率と浪費を生み出さないではいない。国家計画は効率的計画の原理たりえないのである[6]。国有企業

(state business enterprise) はまず，中央政府が決定した経済計画を実行するための生産単位である。資源配分，財貨・サービスの配分，利潤の割当ては全部，中央政府がおこなっていたわけであって，国有企業の自主性はないに等しかった[7]。

1949年に毛沢東主席によって建国された中華人民共和国は，現在，改革・開放と経済発展の「二つの加速」によって高揚期を迎えている。今日にいたる中国の経済体制は，つぎに示すような推移をしてきた[8]。

中国の経済体制に関する定義の推移
▽1979～80年　計画調節と市場調節の結合
▽82年9月（党12回大会）
　計画経済を主とし，市場調節を従とする
▽84年10月（党12期3中全会）
　公有制をふまえた計画的商品経済
▽87年10月（党13回大会）
　計画と市場の内在的統一。国家が市場を調節し，市場が企業を誘導する
▽89年6月（党13期4中全会）
　計画経済と市場調節の結合
▽92年10月（党14回大会）
　社会主義市場経済

この期間で特筆すべきことは，1988年9月以来続いて経済調節（引締め）が91年に終了し，91年から第8次5ヵ年計画（91～95年），10ヵ年計画（91～200年）を始動したことである。

1992年の経済成長率は計画目標の61%を大幅に上回る12.8%となり，88年以来4年ぶりに2桁の成長となった。その原因としては，「計画経済を主とし，

市場調節を従とする」ことから「計画経済と市場調節の結合」へ，さらには「社会主義市場経済」へと順次計画経済一辺倒からの脱皮をはかる政策転換をはかったことにあるといえる。

なお，社会主義市場経済とは，1993年3月に中国の憲法に規定された経済建設の基本方針である。この方針は，社会主義の原則である計画経済から市場経済へ転換をはかったものであり，この史上初の実験成果がどのような形になるかは今しばらくの歳月が必要であろう。

1.3　長期経営計画がもたらす問題

1996年，日本を代表する電機大手メーカーが，5年間の長期経営計画を策定したことで注目をあつめた[9]。それによると，売上高は年率6％の伸長を目指し，最終年度には初年度の137％を目標とする。経常利益は275％，売上高経常利益率は初年度の3％から6％に引きあげる。そのためには，国内で毎年2500億円規模の設備投資を続ける方針である，というものである。しかしほどなく，この長期経営計画は半導体市場の生産過剰による不況によって，大幅に修正することを余儀なくされた旨，発表された。

われわれは，今回の長期経営計画の発表とそれに続いた計画変更の過程をどのように評価すべきかは，意見の分れるところであろう。なぜならば，長期経営計画を策定するためには，多数の人員と莫大な時間と費用などを費やしているはずである。また，それを発表することによって，社内外の関係者に与える影響ははかり知れないほど大きいのである。

しかしながら，このような大きな犠牲をおかしてまでも，市場の不況という要因によって長期経営計画の大幅な変更・修正を余儀なくされるところに，長期経営計画の有している特質があるとみるべきなのである。

この点に関して，R.D.ロビンソンは「広範囲な国際事業を行っている企業の中で，計画立案について実際に優れているのはごく僅かにすぎないのである。ほとんどの企業にとって，ちゃんとした計画を立てることは，ほぼ不可能に近

い」[10]と喝破していることを知ることも必要であろう。

　永野瑞穂教授は、「近年、経営計画に対して経営者の不信の念が横溢し、企画・計画部門の縮小・統廃合の事例が多くみられる。また、計画にたずさわる人々もよりどころを失って右往左往している。計画の無用・無価値論はまだしも、有害論すら唱えられるにいたってはただに経営計画の危機にとどまらず、経営の科学化すら崩壊に瀕するおそれがある」[11]。このような嘆きにも聞こえる意見は、わが国特有のことであると限定する必要がありそうである。なぜならば、アングロ゠サクソンは予見して準備する民族だが、アジア人はだいたい変化を突きつけられてそれに対応するタイプであるとみられているからである。すなわち、「そもそも日本人、そして日本の経営者は、『変化を管理する』（Managing the change）というアメリカ流の発想——そしてこれが『長期計画』の基本思想となっている——というよりも、『変化は環境に順応した結果として起るもの』という、変化に対応する受身の思想が支配的である」[12]といわれているからである。

1.4　経営計画と管理計画

　前記に示したとおり、経済計画に関しては、戦後のわが国の達成率を7勝5敗と、またその本家ともいえる社会主義国家の結末を直視してきた。さらには経営計画に関しては、わが国の電機大手メーカーの例と永野教授の嘆きにも似た近年の風潮を紹介してきた。これらの論調から、筆者が「計画機能」それ自体を否定したり、無益論者であるとみなされたとすれば、それは誤解であり、筆者の心外とするところである。

　筆者はむしろ、管理機能を重要視する立場から計画機能に注目し、その実効のある運用をはかる方法の開発に腐心しているのが現状である。

　まず簡潔には、Plan（計画）→Do（実施）→See（検証）→Action（行動）で示されるマネジメント・サイクルが、計画が管理の基礎であり、出発点であることを認識すれば、その真意が伝わるはずである。さらには、マネジメント

論の始祖といわれているファイヨール（H. Fayol）の管理の5機能とブレック（E. F. L. Brech）の管理論でいう「計画化」を概観して，その重要性を示したいと思うのである。ファイヨールは，長年の経営者としての経験と実務の立場から管理に対する定義があいまいであるばかりではなく，他の職能との境界も不明確だと指摘した。その結果，企業経営には六つの異なった職能が必要であるとして，そのうちの一つは管理機能であり，そこで管理以外の5機能の概念を明確にしようとした。

① 技術職能—生産，製造，加工
② 営業職能—購買，販売，交換
③ 財務職能—資本の調達と運用
④ 保全職能—設備と従業員の保全
⑤ 会計職能—財産目録，貸借対照表，原価，統計など
⑥ 管理職能—計画，組織，指揮，調整，統制

すなわち，ファイヨールは「管理とは，計画し，組織し，指揮し，調整し，統制することである」としたうえで，「計画化」を「将来を探究し活動計画を作成すること」と定義している[13]。

一方，ブレックは彼の論文 "Management in principle"[14] において，管理を一つの社会的プロセスとして捉える(とら)ことにより，その本質的内容をつぎの四つに分けている。

① 計画設定（Planning）
② 統制（Control）
③ 調整（Co-ordination）
④ 昂揚（Motivation）

ここでいう計画設定とは，「作業を指揮する（direct）大綱を決定し，さらにそれが完遂にあたっての基礎ないし方法を準備すること」を意味している。

2 経営計画論の概要

経営計画論に対するさまざまなアプローチは，ひとまず切りあげて，その概要を示すとつぎのとおりである[15]。この概要によって経営計画論の大綱を知り，経営計画の策定に必要な基礎的な知識を身につけることを願っている。

2.1 経営計画の重要性と限界

アージェンティー（J. Argenti）は，「経営計画とは，将来の環境変化に対応するために，意図的にシステム的に，企業全体についての意思決定を行うこと」と定義したうえで，具体的には「企業目的を明確化し，戦略的意思決定を行ない，目的への進歩をチェックすることを通じて，それを実践していくこと」であると主張している。しかし，経営計画の限界といわれているものは，つぎの6点である。

(1) 予測の信頼度

その効果は，信頼度に依存する。

予測と信頼度との関係は，時間的空間的範囲が広いほど不確定要素が多くなる。

(2) 変動の速度

経済社会などのような変化速度の激しい場合には，同一情勢下で使用する計画の適用範囲は，自ら狭められてしまう場合がある。

(3) 固定化の傾向

いったん作成された計画は経営を固定化させてしまう傾向がある。計画改定の場合など心理的抵抗が働く。

(4) 計画設定の費用

事実の収集と分析，会議，協議などに要する費用

(5) 計画に要する時間

計画は重要なもの程時間を要するものである。

(6) 自発性の減退

V 経営計画の理論と実践　*117*

計画化が進展して行く過程で人間は他人の作った計画に慣れてしまい，いつのまにか自分で考えようとせず他人任せになってしまう傾向がある。

経営計画のタイプは，目的，対象，内容などによりいくつかに分類できる。

2.2 長期・中期・短期経営計画の意義

期間を対象とした期間計画は長期計画，中期計画，短期計画に区分できる。

(1) **長期計画（3〜5年）**

長期とは，通常その企業の経営構造を変革する意思決定のリードタイムを基礎にして決定される。

(2) **中期計画（2〜3年）**

長期計画と短期計画の中間に位置し，期間は2〜3年が最も多い。中期計画が今日重要視されているのは，戦略計画，戦術計画を媒介する機能を有しているからである。

(3) **短期計画（1ヵ月，6ヵ月，1年）**

わが国の場合，年次計画，月次計画など1年以内に照準が合わされており，業務実行計画，スケジュール，予算など個別なものが中心である。

2.3 総合計画と部分計画との関連

(1) **総合計画（全社計画）**

　① 複数目標に対し整合性が持続できること
　② 未来活動に対してモチベーションできるもの
　③ 部分計画の総合的な基準となるもの
　④ 労使協力の要になるもの

(2) **部分計画**

部分計画は，機能計画，部門計画，個別計画に細分化される。

　① 機能計画　生産計画，販売計画……
　② 部門計画　A事業部計画，B支店計画……

③　個別計画　新製品計画，工場新設計画……

　総合計画にもとづき部分計画が立てられるので，総合計画は部分計画の指針（guide line）となる内容を有していなくてはならない。いずれの計画であれ，対象期間に対応した方式として，固定型（fixed base）とローリング型（rolling base）の二つがある。固定型とは，例えば5ヵ年計画とか2005年達成など，最終到達点を明確に提示したものをいい，ローリング型とは，定期的に計画の一部を改定して新しい1年を追加する方式である。また，計画作成過程では，つぎの二つの考え方があり，この過程が達成度合に大きく影響することに注目すべきである。

　　トップダウン　総合計画→部分計画（整合性）
　　ボトムアップ　部分計画→総合計画（参画意識）

2.4　国内計画と国際計画との比較

　経営計画と対象範囲を地域別に分けた場合，国内に適用範囲を限定した国内計画と国外を対象とした国際計画とに分類できる。国内計画の適用範囲は企業活動が国内で限られるので，企業規模は比較的小さく，その市場も国内あるいは特定の地域に限られる。それに対して国際計画の適用範囲は国際市場を対象とした企業活動におよぶものであり，多国籍，多文化要因，政治要因などにも影響を受けやすいのである。

2.5　戦略計画と戦術計画の特徴

(1)　戦略計画とは，「企業が外部環境の変化に全体的に，効果的に適応して経営構造を革新するための計画」と定義づけられる。

　なお，経営構造の革新の具体的内容はつぎのとおりである。

　①　基本的構造計画——環境変化の方向を予測し，社会的責任理念，複数目的の設定などである。

　②　事業構造計画——事業転換システムにより，多角化，海外事業撤退など

表V-2　戦略計画と戦術計画の差異

項　目	戦　略　計　画	戦　術　計　画
1) 実行段階	トップ・マネジメント	より低いマネジメント段階
2) 規則性	継続的だが不規則	一定のスケジュールに従う
3) 価値判断	非常に主観的	それほど主観的ではない
4) 代案の範囲	広い	狭い
5) 不確定要素	大きい	それほど大きくない
6) 問題の性格	組織されていない 繰り返し的ではない	組織化されている いくらか繰り返し的
7) 必要な情報	広い。組織外のものを含む	主に内部にできたデータを使う
8) 対象機関	長期	短期
9) 問題の広がり	組織全体にわたる	組織の一部に関すること
10) 関連性	他の全ての計画の源となる	戦略計画の範囲で行なう

の問題である。

③　製造構造計画――製品・市場拡大・新市場開発・新製品開発・市場浸透などである。

(2)　戦術計画とは，「一定の経営戦略（戦略計画）を前提として，企業全体の効率化を達成しようとする実効計画」と定義づけられる。

　戦術計画は，一定期間における部門あるいは個人の行動目標，実務実行方針，スケジュール，予算などであり，実行段階はミドル・マネジメント，ローア・マネジメントである。

　戦略計画と戦術計画の差異は，表V-2のとおりである。

3　経営計画論についての考察

　占部都美教授は，「経営計画の基本問題―販売計画と生産計画の調整―」[16]と題する論文において，経営計画の課題についてつぎのように述べている。

　「経営計画の課題は，不安定な市場経済の環境の下で，経営の安定性を確保

するために，いかにして生産，販売，在庫，調整，財務などの諸活動を調整するかということにあるといわなければならない。

グーテンベルクが『計画の調整原則』（*Ausgeichsgesetz der plannung*）として調整を計画の最重要な原則としてあげていることは正しい。とくに生産計画と販売計画の調整ということは，経営計画の基本問題をなすものである。」この指摘は，簡潔であるが要をえており，経営計画を立案する際に役立つ考えである。

3.1 経営方針についての考察

経営計画と密接な関係のある経営方針に関して，鍋島達教授は，「『方針』の経営学的考察」[17)]と題する論文において，つぎのように述べている。

「経営方針とは『企業の経営には，その企業の基本精神を明示したり，利益目標・従業員の福利増進・顧客への奉仕・社会的責任などについての態度を表明して，その企業の業務遂行の指針とすることが望ましい。これらはいずれも，その企業の基本的な全般方針である。」

鍋島達教授は，同論文の中でホールデン（Poul. E. Holden），ディビス（R. C. Davis），クーンツ等（H. Koontz & C. O'Donnell）らのいう方針（policy）を簡潔に紹介したのちに，私見を述べている。ホールデンは，ポリシイとは「通常反復して起きる行動を規制する。会社によって設定された指導原則（guiding principles）である」と定義したうえで，つぎのような説明を加えている。ポリシィの基本的な目的は，反復する状態において行なわれる行動を予め認めておくことである。それで個々の問題の発生ごとに上層部の決裁を受ける必要はなくなり，発生個所で遅滞なく処理することができる。

ディビスは，「経営方針とは，一定の経営目的の有効な達成を制約し，支配する原則（principle）または関連する諸原則の一団，およびこれにともなう行為の規則（rules of action）である」と定義する。

さらに，「方針は，経営の目的と諸活動機能とを結ぶ役割を果たすところの原則・規制」であるという。方針は，経営目的の有効な達成を制約支配する原

則および行動規制であるから，経営方針は経営の行為をして，一定の経営目的の有効な達成のための要請に矛盾背馳しないように首尾一貫性を確保せしめるものであるとし，経営目的→方針→行為の三者の関係を明らかにしている点が注目されてよい。クーンツ等は，方針を特に計画との関連において，つぎのように説明している。すなわち，「方針は全ての計画の主要な要素をなし，指針的要素を提供する。それはあたかも，その他の計画の諸前提が，計画設定の基盤を提供するのと同じである。もちろん方針の形成が計画設定の全部なのではなく，計画設定は，さらにその他の段階・手続きを含むものであるが，しかし方針は道を指示し，計画の範囲を規定するにおいて計画の不可分の部分をなすのである」。

鍋島達教授は上記の外国の先達者の考えをふまえたうえで，経営方針と経営計画の関係をつぎのように述べている。

「一応私見では，方針も計画も，広い意味での経営の意思決定（business decision）であるけれども，両者は区別されることを要する。方針は計画そのものではなく，計画の前提をなし，計画，行為を制約支配する枠である。

この意味で計画方針（planning policy）ということも成り立つものと考えられる。これに対して，計画という場合には，それは原則や行動規則として表示されるものではなく，関連する諸方針に基づき，それが数値的に——貨幣的数値であれ，物量的数値であれ——表示される。」

3.2 経営計画と方針との関係

すでに経営計画と経営方針との関係については論究したのであるが，ここであらためて「ポリシィとプラン」と題する村本福松教授の論文要旨[18]を紹介すると，つぎのとおりである。「ポリシィとプランとは，二にして一ならず，しかも両者は，先駆後駆の関係にあって正に不可分である。筆者としては，ポリシィは，それが企業経営の活動に関する場合，活動の仕方の指針に関するものとして，仕方の指針を簡約して，方針としてはどうかと思うのである。

筆者のごとく，ポリシィを方針とし，それが経営活動の方向を定める規矩となるもの，換言すれば方針定まり，それに基づいてプランが作られる。

　一方，プランとは，一定状況下の必要要素と必要な力と，そしてまた，その要素と力の関係づけの結果などの間の関係の明細書き（specification）を意味し，それは行動のための有効にして，経済的なる基準を提供するものであり，その明細書きの中には目的達成成就を支配する行動の principles と rule の記録であるところのポリシィを含むことはあっても，両者は全く異なる事実であり，要件であるというのであるから，ポリシィ，すなわち方針を作ることがプランであるという高宮晋教授の説明は，文字通りに受取り難いことが考えられるようである。

　ポリシィの確立が先行しなければならないから，プランとポリシィとは，異なる二物であり，ポリシィに基づいてプランが定められ，プランすることのうちにポリシィが包摂されるとはどうしても考えられないのである。

　なお，ポリシィとプランとを区別するために，前者が文字的に表現せられるのに，後者は数字的に表現せられるということが説かれている（山城章『経営政策』1954年版, pp. 315-6）ようであるが，これは相対的なるものであっても，絶対的なるものであるとは考えられないから，筆者はこれを採らない」。

3.3　経営方針と経営管理との関係

　高宮晋教授は，「方針設定における基本問題」[19]と題する論文において，主として経営方針が経営管理におよぼす影響について，つぎのように論じている。

　「方針設定の問題は近代経営管理の出発点である。経営活動はよく言われるように，Plan（計画），Do（実施），See（統制）の循環を描くが，方針設定はまさに，この第一の段階たるPlanの段階の問題である。」

　ついで，古い経営管理は，いわば人的監督による管理（management by personel supervision）であるとして，つぎのような説明を付記している。「古い経営管理は，作業と管理が未分化であり，管理者は自ら作業的業務にふれつつ，

作業員を人的に監督するというやり方であった。ここでの管理は日常的であり，かつ人的な色彩が強い。そのため計画を通して仕事を管理していくという感覚もまた生じ得ない。『人的監督による管理』という古いやり方をとる限り，いかに方針設定，計画の重要性を説いても，それは空念仏に終わらざるを得ない。」

したがって，近代的経営管理は，いわば"目標における管理"（management by objectives）であるとして，下記の説明を付記している。「近代的経営管理においては，作業から経営管理の職能を職能的に分化せしめ，管理者は管理の職能たる計画と統制に専念する。管理者は仕事に直接人的に接触することによってではなく，仕事の実体を数量的に把握し，仕事の計画を設定することによって，作業員の仕事を指導し監督するのである。また，管理者は直接人的に接触することによって監督を行なうやり方に代わって，むしろ計画設定により，仕事の目標を与えることによって，部下を監督していくやり方をとるのである。」

この他，高宮晋教授は経営計画に関して，ローリング型と立案スタッフの2点に言及している。まずは，「経営計画の設定方式としての長期計画方式は，当該年度が常に5ヵ年計画の初年度であるという方式を採ることが適当である。この方式では，毎年々，1年ずつ追加して5ヵ年計画を設定していくのであって，常に5ヵ年計画が存在し，当該年度は常にその5ヵ年計画の初年度という地位になる」。

ついで，立案スタッフの必要性を，つぎのとおり述べている。

「全般的執行的計画，長期的計画の設定は，多かれ少なかれスタッフ的活動の存在を必要とする。かかるスタッフをジェネラル・スタッフというが，このジェネラル・スタッフの必要は決定的である。わが国の企業においては，ジェネラル・スタッフは未だ十分な発達をみていないが，その育成は今後の重要な課題であろう。」

4 わが国における経営計画の普及状況

4.1 昭和30年,40年代

わが国の場合,昭和30年代は各企業がこぞって「長期経営計画」を導入した全盛期であった。それは,"猫も杓子も長期経営計画"という状態になった[20]。そのためか,3.「経営計画論についての考察」において紹介した論文の多くは,1976〜77年ごろ発表(執筆)されたものである。長期経営計画のはしりは,わが国企業にあっては松下電器産業であるといわれている。事実,松下電器産業創業者の松下幸之助氏が日本経済新聞に連載した「私の履歴書」(1976年1月9日付)に,つぎのとおり記している。

「松下電器の再建もようやく軌道にのってきた昭和31年,私は松下電器の5ヵ年計画を発表した。

会社は5年後,こうなるのだ,このようにするのだーと目標を定めて経営のカジをとっていくことは,いまでは当たり前のことになっているが,そのころ,国や行政官庁ならともかくとして一企業体で,将来の目標を外部に堂々と発表するようなところはなかった。しかし私は"向こう5ヵ年間に売り上げを4倍にしよう"と1月10日の経営方針発表会の席上で発表したのである。……」

当時の資料によると,長期経営計画を策定している企業は,昭和30年代の後半から急増して昭和45年ごろには70%を超える普及ぶりだった。さらに,1970年には「長期経営計画策定を計画中」の企業も多く計画どおりにいけば,1971年以降数年のうちに普及率は85%を突破するはずであった。しかし,1975年10月の調査では,「策定している」企業が66.5%に低下しており,「策定を計画中」の企業も含めても80%に満たない状況になっていた。このことは人材育成の面でも,計画のズレが指摘することができる。この時期には,ニクソン・ショックやオイル・ショックという予期しなかった経済基盤の変動があったことも事実であるが,長期経営計画の実現がいかに困難なことであるかを物語るデ

ータだといえる。

　さらに重要なことは，いかに，長期経営計画の策定企業が多く，また普及率が高くても，それらが実際にどのくらい機能しているかが問題であり，有名無実であったり，形式的であってはならないのである。

　長期経営計画の機能状況を規模別にみた当時の調査によると，「しっかりした計画がある」という企業が，長期経営計画が「ある」という企業のうちの半数にも満ちていないことが示されている。つまり，長期経営計画が「あるにはあるが，あまり用をなさない」という企業の方がむしろ多いのである。

　規模別にみると，従業員1万名以上の超大企業でも，「しっかりした計画がある」のは46.5％であり，5,000名未満の企業では，「しっかりした計画がある」のはせいぜい20〜30％にすぎないのである。

4.2　平成元年の「長期経営計画の普及状況」

　それでは，「長期経営計画」導入の全盛期であった昭和30年代から40数年後の状況はどうであろうか気に掛るところである。最近の状況については，「長期経営計画の実態調査」[21]と題する貴重な（数少ない）調査結果にもとづいて，その一端を示すことにする。なお，本調査の対象は一部上場企業である。

　まず，つぎのように長期経営計画に関する定義をしている。

　長期経営計画……2年以上の企業の全社レベルでの経営計画，戦略計画と中期計画の2本だての計画をもつ場合には，両者を総称する。

　戦略計画……企業の基本的方向，新事業，新しい設備投資などの長期などの長期戦略の計画，数字よりも方向が重要。

　中期経営計画……二つの長期計画をもつ場合に限り，短い方の，総合的な，やや数値的な，部門名別または製品別の2年以上の計画を中期計画と称する。また，全社の機能別の計画も含まれる。したがって，5年でも中期計画と称しうる。また，1本のときには2年でも長期計画と称する。予算は中期計画ではない。

結局……長期経営計画＝2年以上の計画。

ときには，つぎの構成をもつこともある。

長期経営計画＝戦略計画＋中期計画(両者のどれか一つでもよい)

Q.「あなたの会社では長期経営計画(含中期計画)をもっていますか。またそれをどんなかたちでもっていますか。」

「もっている」会社は96.4％と圧倒的に多い。「公式に決定された書かれた長期計画をもっている」会社は93.6％であり，「10年以上前からもっている」会社は48.6％である。

Q.「長期経営計画(含中期計画)の改訂はどのように行なっていますか」

1本の長期経営計画の場合は，「毎年(または1年おきに)更新して1年(または2年)ずつ先を加える」(筆者注，いわゆるローリング型)会社は，35.5％，「期間は固定して必要に応じて改訂する」会社は，23.1％と大半を占めている。

Q.「あなたの会社の長期経営計画（と2本立のとき中期計画を含めて）の性格についておたずねします。」

1本の長期経営計画の場合は，「目標的またはスローガン的」の会社が61.0％と多い。また「数量的」の会社が38.5％である。

Q.「長期経営計画（含中期計画）の立案，審議，決定は主としてどこでやりますか。」

1本の長期経営計画の場合は，「企画室（社長室）など」の会社が79.9％と主流といえそうである。

Q.「長期経営計画の立案と実行について最近数年間に改善した点または変化した点で重要な点を三つだけあげて下さい。」

計画システムについては，「計画期間の変更，長期と中期の2本立て，期間の長期化，短期化，毎年検討する，固定する」が16.1％，立案の組織では，「各部門の認識を高め，協力をうる（コミュニケーションの改善）」が7.6％，

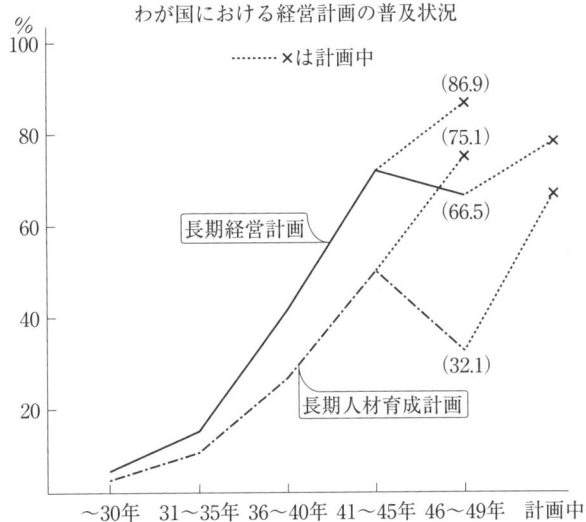

V 経営計画の理論と実践　*127*

わが国における経営計画の普及状況

……× は計画中

(86.9)
(75.1)
(66.5)
(32.1)

長期経営計画

長期人材育成計画

〜30年　31〜35年　36〜40年　41〜45年　46〜49年　計画中

出所）日本産業訓練協会編『産業訓練白書』1970年

図V－1　長期経営計画と長期人材育成計画の普及状況

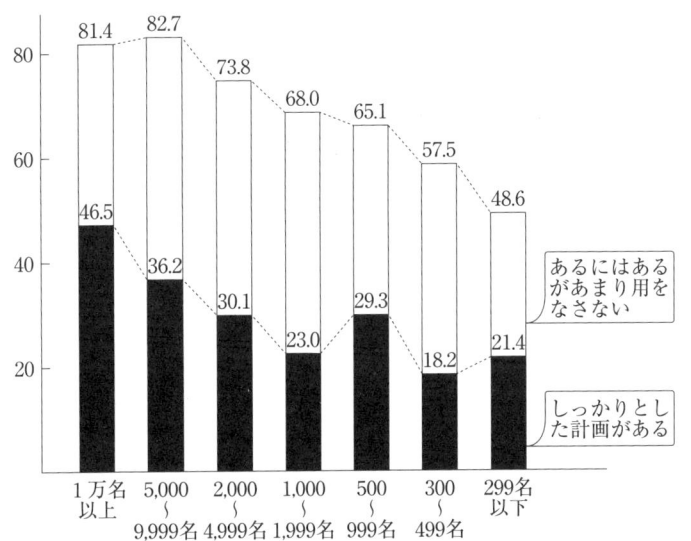

81.4　82.7　73.8　68.0　65.1　57.5　48.6
46.5　36.2　30.1　23.0　29.3　18.2　21.4

あるにはあるがあまり用をなさない

しっかりとした計画がある

1万名以上　5,000〜9,999名　2,000〜4,999名　1,000〜1,999名　500〜999名　300〜499名　299名以下

出所）日本産業訓練協会編『産業訓練白書』1970年

図V－2　長期経営計画の機能状況（規模別）

情報と予測では,「市場競争相手などの情報収集の充実」が2.4％,目標では,「長期目標の明確化(長期ビジョンに基づく目標・方針の見通し)」が6.4％,意思決定では,「個別計画,部門間の計画の調整の改善,全社最適化コンセンサスをうる」は4.4％,実行では,「実行計画をたてる。長期計画を短期計画に結びつける」が8.8％と各項目のトップを占めている。

なお,全体の上位3点は,「実行計画をたてる,長期計画を短期計画に結びつける」,「各部門の認識を高め,協力をうる(コミュニケーションの改善)」,「計画期間の変更,長期と中期の2本立て,期間の長期化,短期化,毎年検討する,固定する」である。

Q.「全社レベルの企画室(企画部,社長室などの総合企画部門)の役割と構成について」

役割を上位から順に示すと,「長期的全社的な目標,方針の立案」90.4％,「自社の将来の問題点の発見」73.1％,「長期計画書の作成」67.9％である。

構成は平均7.5人で,うちスタッフは約5.5人となっている。

Q.「長期経営計画(中期計画も含めて)によって得られた効果は何であったでしょうか。重要な効果を三つだけあげて下さい」

上位から3点をあげると,「長期的目標が明らかに,自社の進むべき方向,行動指針,育成分野等を明確に」21.7％,「会社の方向の共有,トップの合意の形成,部門間の交流促進,事業部が全社的視野に」20.1％,「経営上の自社の問題点,課題を明らかに」16.9％の項目である。

Q.「長期経営計画が成功し,企業の業績に貢献するためには,つぎのどれが重要でしたか」

まず成功であったか否かをみると,「わが社の長期経営計画は非常に成功であった」18.9％と「やや成功であった」39.6％の合計は58.5％と約6割が成功だと評価している。

では,成功のために重要であった項目は何であろうか。

第1位は「トップが明確な経営理念やビジョンを示す」58.6％,第2位は

「戦略重視の空気をつくる」38.2%，第3位は「ライン部門やスタッフ部門などの立案への参加」37.3%である。

　上記のとおり，本調査のうちから選び出した質問項目は，昭和30年～40年代の状況とできるだけ比較しやすいものと，3「経営計画論についての考察」，3.3「経営方針と経営管理との関係」において高宮晋教授が言及している"経営計画の設定方式"と"立案スタッフ"に関するものと，さらには"長期経営計画の効果"についてである。その結果，調査対象が1部上場企業であるという好条件のためか，「長期経営計画」の定着ぶりと本来の機能が発揮されている様子が浮かびあがってきたといえる。

5　経営計画立案の実践

5.1　全員参画の経営計画立案

　既述した「経営計画論の概要」および「経営計画論についての考察」を熟読したとしても，また大学等で「経営計画論」を履修した人であっても，はたして幾人の人が実際に経営計画を立案することができるだろうか，はなはだ疑問である。それは，経営計画は「経営計画論」の理論を知っているだけでは立案できないことを意味している。しかしそれでは，「経営計画論」を学習した目的は果たせない。経営計画は画餅（絵にかいたもちのように，物事が実際の役にたたないこと）であってはならない。経営計画は実践に役立ってこそ意味があるにもかかわらず，理論だけでは立案できない点が問題なのである。そのためには，「理論と実践の結婚」（L.F.アーウィック）をさせるためにも実際に経営計画を立案する方法を知らなければならないし，われわれにはそれを教える責任と義務があると思うのである。その際注意深く考慮すべきことは，立案方法のうちの立案部署についての考察である。

　前記の「長期経営計画の実態調査」および高宮晋教授の論文にみられるとおり，長期経営計画の立案は，企画部，社長室，調査室などの名前のついたジェ

ネラル・スタッフがおこなうのが通例である。そのために問題となるのは、経営計画の限界としてあげた「自発性の減退」、すなわち、人間は他人の作った計画に慣れていまいがちであること、"ジェネラル・スタッフによるジェネラル・スタッフのための経営計画"だとみなされて、経営計画の実行段階での形骸化がおこることである。

それは現場の事情に疎いジェネラル・スタッフがおこなう机上の空論とうけとられ、その計画を実行するラインの人びとから無視されたり反発をうけてしまい、結局ジェネラル・スタッフの一人相撲（相手も居ないのに、または他の人には熱意がないのに、自分だけが力を入れ勢い込むこと）になってしまうことである。このような事態をさけるためには、長期経営計画の立案にあたっては徹頭徹尾ボトムアップ型式をとることをすすめたい。

いうまでもなく、長期経営計画の立案手法は、業種、規模、生産形態、資本系統別などによって異なるはずであるが、いずれの場合でも、"全員参画の経営計画"であるボトムアップ型を目指すべきである。ここでいう全員とは厳密な意味での全従業員でなく、経営管理にたずさわっている経営者・管理者全員を網羅すれば十分であると考えるべきであろう。

そのために、たとえジェネラル・スタッフが作成するものよりも手法や様式が幼稚にみえても、また手間が少々余分にかかったとしても、経営計画を実行する段階で偉力を発揮することを、われわれはすでに体験的に熟知している。

その一端を紹介するとつぎのとおりである[22]。

5.2 コンセンサスづくりの重要性

ジェネラル・スタッフが組織基準、定員管理、職務分掌規定、人員計画などの作成・立案をするにあたって最初に必要な情報は、トップ・マネジメント（経営者）が長・短期にわたって、自社の売上高、資本金、配当性向（率）、主力（育成）製品、撤退すべき製品、増設すべき設備・支店・出張所・工場、合理化すべき対象、人員規模などについて、どのような構想をもっているかを知るこ

とである。

　その際，各トップ・マネジメントの構想を表明することによって問題意識を明確にして，ベクトル合せができれば大変有意義なことである。

　それに反して，ジェネラル・スタッフが各トップ・マネジメントの意向を把握することなく長期経営計画を立案した場合には，そのギャップが大きすぎて，立案作業が無駄になる公算が大きいのである。そこで，トップ・マネジメントに対して長期経営計画作成のための基礎資料とするために，大変簡潔かつ当然な項目のみを記載した「長期経営計画の基礎資料」(表V－3)を配布して記入してもらうことをはかった。その後，この効用を理解した社長から配布先(記入者)の範囲を全社の管理者までにひろげるように指示され実施したのは，1966年12月のことであった。

　しかし，この「長期経営計画の基礎資料」(表V－3)の内容，様式ともに1972年以降から大幅に改変した。それは，前年秋以来の景気停滞，ニクソン声明に端を発した国際通貨体制の危機，アメリカの輸入課徴金，資本・貿易完全自由化の外圧が強まるなど，かつてない厳しさと今後の動向を予想することがきわめて困難な経済環境になったからである。

　「経営計画基礎資料」(表V－4)は売上高の項目を主要製品に4分類して，それぞれの純利益の項目を税引後純利益と対売上高比率に分けた。付加価値の項目には付加価値額，対売上高比率，人件費総額，労働分配率を入れた。従業員の項目は総従業員数，管理者数，直接・間接人員比率から構成した。上記の他に現在の取扱製品のうちで将来主力製品に育成したい製品，縮小または撤退したい製品，将来開発すべき製品または事業分野をたずねる「製品」の項目と資材・生産関係，販売・流通関係，技術・設計関係，研究・開発関係，経理・財務関係，人事・労務関係に分類した「マネジメント施策」の項目を加えた。

　さらに，これらの「経営計画基礎資料」を補完する情報として，「業績向上の基礎資料」(表V－5)を作成することにした。その内容は，つぎのとおりである。

表V−3　長期経営計画の基礎資料

平成　年　月　日
氏名

項目	質問	●期実績（　～　）	平成　年度（　～　）	平成　年度（　～　）	平成　年度（　～　）	理由または説明
利益	1．計上、税引後の利益額をいくらにしたいと思いますか	百万円	百万円	百万円	百万円	
	2．その場合、売上高利益率は	％	％	％	％	
	3．〃　資本利益率は	％	％	％	％	
配当	1．配当金はいくら位にしたらよいと思いますか	％	％	％	％	
売上高	1．年間売上高は	百万円	百万円	百万円	百万円	
	2．品種別売上高は					
	3．年間売上高のうちの輸出高は					
製品	1．主力製品にしたいのは					
	2．縮小した方がよいと思う製品は					
	3．新たに加えたいと思う製品は					
技術研究所	1．どのような分野または製品の開発に主力を置きたいと思いますか					
	2．その場合、どのくらいの陣容を持ちたいと思いますか	名	名	名	名	
	3．〃　どのくらいの研究費をかけたらよいと思いますか		百万円	百万円	百万円	
事業所	1．新たに設置したい営業所、出張所は	○○営業所××出張所				
	2．新たに設置したい工場は	△△工場○○工場				
	（1）主に生産する製品は					
	（2）その所在地は					
	（3）人員は		名	名	名	
	3．新たに設置したい関係会社、子会社は	○○会社				
人員	1．従業員は何名が適当と思いますか	名	名	名	名	
	2．その場合、管理職は何名が適当と思いますか	名	名	名	名	
合理化	1．先ず合理化を図らなければならないものは					
	2．次に生産面では					
	3．〃　販売面では					
	4．〃　財務面では					
	5．〃　管理その他の面では					
設備投資	1．まず実施すべき設備投資額は					
	2．その場合の設備投資額は		百万円	百万円	百万円	
	3．年間設備投資額は		百万円	百万円	百万円	
資本金	1．資本金は（払込資本）をいくらにしますか	百万円	百万円	百万円	百万円	
	2．増資はいつ実施しますか	月	月	月	月	
	3．どのような増資の方法をとりますか	株主○○割当○○万株発券				
新規事業	1．未来需要を予測して新しくおこす事業（扱い品目）は					
	2．その場合の（商い高、人数）は		百万円名	百万円名	百万円名	
	3．予想する収益高（税引後利益）は		百万円	百万円	百万円	

V 経営計画の理論と実践

表V-4 経営計画基礎資料

項目	平成 年度 ( ) 期			平成 年度 ( ) 期			平成 年度 ( ) 期			平成 年度 ( ) 期			理由または説明
	百万円	構成比 %	前期比 %	百万円	構成比 %	前期比 %	百万円	構成比 %	前期比 %	百万円	構成比 %	前期比 %	
売上高 自動車電球・特殊電球													
シールドビーム・電装品													
半導体・機器													
光電池・水銀灯・家電電器													
合　計		100			100			100			100		
税 引 後 純 利 益	百万円		%	百万円		%	百万円		%	百万円		%	
対売上高比率（税引後純利益×100 / 売上高）			%			%			%			%	
付 加 価 値 高	百万円		%	百万円		%	百万円		%	百万円		%	
付加価値率（付加価値高×100 / 売上高）			%			%			%			%	
人 件 費 総 額	百万円		%	百万円		%	百万円		%	百万円		%	
労働分配率（人件費総額×100 / 付加価値高）			%			%			%			%	
総 従 業 員 数	名			名			名			名			
うち管理者数	名			名			名			名			
従業員直接・間接人員比率													

1. ○○印（ ）の数値は、利益計画損益計算書並びに品種別売り上げ計画表による。
2. 付加価値額算出は日銀方式（当期純利益（税込）＋人件費＋金融費用＋賃借料＋租税公課＋減価償却費）を用いた。
3. 総従業員数には嘱託・準社員・顧問・定時制従業員を含まない。

表Ⅴ-5　業績向上の基礎資料

平成　　年　　月　　日
氏　名

Ⅰ．業績の反省
第××期（○○．○○．○○～○○．○○．○○）の業績について
反省すべきことがらは何でしょうか。

項　　目	説　　　明
1	
2	
3	

Ⅱ．私が選んだ業績向上の施策
　あなたは、全社的な観点に立って会社がどのような施策を優先的にとりあげるべきだと考えますか。
　4つのテーマを選び、重要度の高いと思われる順に、それぞれの選んだ理由および予想される計画期間を記して下さい。

1．テーマ　　　　（　ヵ月計画）　理由	3．テーマ　　　　（　ヵ月計画）　理由
2．テーマ　　　　（　ヵ月計画）　理由	4．テーマ　　　　（　ヵ月計画）　理由

Ⅲ．私が推進する業績向上の具体策
　あなたが、自分の置かれる立場から具体的に推進しなければならないと思われる業績向上の施策を、4テーマ選び、重要度の高いものから順に、下記へ記入して下さい。
　（記入要領：①テーマ名、②実施期間および期間、③期待される効果、④推進の具体的な方法）

1	①テーマ　　②期　間　③効果　④具体策	3	①テーマ　　②期　間　③効果　④具体策
2	①テーマ　　②期　間　③効果　④具体策	4	①テーマ　　②期　間　③効果　④具体策

「Ⅰ．業績の反省」では，各管理者が反省する項目を三つ選んで，それぞれの説明をつける。

「Ⅱ．私が選んだ業績向上の施策」では，各管理者に全社的な観点から会社がどのような施策を優先的にとりあげるべき4テーマを選んで，それぞれの選んだ理由と予想される計画期間を記入する。

「Ⅲ．私が推進する業績向上の具体策」では，各管理者に自分の立場から推進すべき4テーマを選んで，それぞれの実施すべき時期および期間，期待される効果，推進するための具体策を記入する。

「経営計画基礎資料」および「業績向上の基礎資料」の用紙は，毎年末におこなわれる管理者研修会に先き立って全社の管理者に配付され，各人の事前研修の成果を研修会当日持参してグループ・ディスカッションに臨み，その成果をグループ・リーダーがとりまとめて社長室に提出するという段階を経て，基礎資料が作成される。

社長室は，各グループ・ディスカッションの結果，調整，修正された計画（数値）を「経営計画基礎資料」と題する小冊子にまとめて，全管理者にフィードバックする。

以上はボトム・アップ型，全員参加型の長期経営計画立案の一例を示したものであり，実践的「経営計画論」のあり方を示唆したものである。

注）
1）「日本経済新聞」1995年6月15日夕刊
2）「朝日新聞」1999年7月6日
3）河野健二『西洋経済史』岩波書店，1980年，p.316
4）同上書，p.319
5）大島国雄・野崎幸雄・井上照幸編『国有企業の経営―資本主義と社会主義―』白桃書房，1983年，p.7
6）同上書，p.146
7）同上書，p.238
8）「日本経済新聞」

9) 「日本経済新聞」1996年3月8日
10) R.D.ロビンソン著（入江猪太郎監訳）『基本国際経営論』文眞堂，1985年，p.391
11) 永野瑞穂『経営計画論』丸善，1976年　序文
12) 若松茂美「企画部は企業を甦らせうるか」『中央公論経営問題』秋季号，1975年
13) H.ファイヨール著（都筑栄訳）『産業並に一般の管理』風間書房，1958年 pp. 3～8
14) Edited by E. F. L. Brech, *The Principles and Practice of Management*, Longmans, 1963, pp. 17～21.
15) 飫冨順久・根本孝「経営計画と経営戦略」藤芳誠一編著『経営管理学事典』泉文堂，1992年
16) 占部都美「経営計画の基本問題―販売計画と生産計画の調整―」『ＰＲ』Vol.7, No.11, 1956年10月号
17) 鍋島達「「方針」の経営学的考察」『ＰＲ』Vol.8, No.7, 1957年7月号
18) 村本福松「ポリシイとプラン」『ＰＲ』Vol.8, No.7, 1957年7月号
19) 高宮晋「方針設定における基本問題」『ＰＲ』Vol.8, No.7, 1957年7月号
20) 長坂寛『企画部課長の実務』日本経営出版会，1980年，pp.115～117
21) 調査企画　学習院大学教授　河野豊弘「長期経営計画の実態調査」1989年7月，財団法人　日本生産性本部生産性経営資料センター
　なお調査表中，「長期経営計画」と「長期計画」とが混在して使用されているが，筆者はすべて「長期経営計画」に統一して表記したことをお断りしておく
22) 長坂，前掲書，pp.119～127

Ⅵ 目標管理制度の理論と実際

1 「目標による管理」のとらえ方

　近時「目標による管理」が脚光をあびている。しかし，この「目標による管理」の定義も，またこれに対する期待や評価も，これほどまちまちなのも珍らしい。普通，「目標による管理」とは，ピーター.F.ドラッカーが1954年に著した『現代の経営』(*the Practice of management*)の中で"management by objectives"なる思想を主唱したことにはじまるといわれている。ドラッカーの所説について，今ここで詳説する紙幅をもたないが，彼は「個々の業務の目標が事業全体の目標と合致すること」が必要であり，その方法としては「目標と自己統制」をとらなければならないことを主唱していることは周知のとおりである。

　しかるに，ドラッカーのいう「目標と自己統制」を詭弁的に，自己都合的に解釈して，「目標」を設定して統制をする「目標による管理」をとるか，文字通り「目標」を設定させて自己統制させる「目標による管理」を採用するかは企業によってさまざまな状態である。したがって，このような多様性をもつ「目標による管理」に対する期待や評価も，当然なことながら多岐にわたるわけである。なかでも，わが国の企業に「目標による管理」が定着しきれない時期において，「目標管理批判」がおこなわれたことは時期尚早といわざるをえない。なぜならば，わが国の各企業が競ってその導入に腐心している現象をとらえての批判・批評は，往往にして，「目標による管理」の背景ともいえる行動科学の諸成果はもちろんのこと，資本主義企業の経営者や管理者達が直面し悩んでいる仕事・人間・成果の有効な解決手法をも奪う結果になりはしないかと恐れているからである。

　要は，「目標による管理」の手続きないしは運用面のみに拘泥することなく，

この管理手法の根底に流れているところのいわゆる行動科学の研究指向対象，すなわち人間行動，人間性の復活，人間性の尊重を理解することが肝要なのである。この側面の理解こそが，業種，規模，社歴などのちがいを乗り越えて「目標による管理」を普遍的に適用できるポイントでもあると思う。「目標による管理」は，確かに顕在化している管理手法にとどまるものではなく，フィロソフイーないしは精神革命をともなうものであると解するのが妥当のようである。ここにおいて，「目標による管理」の意味するところをまとめておくことにしよう。

前述したとおり，「目標による管理」に対する定義はまちまちである。われわれ実践家の立場からすると，「目標による管理」をつぎのように理解してゆきたい。

『仕事をおこなう場合たいせつなことは，その仕事の結果であり成果である。なにを，どのようにやるのかを問うのではなく，効果のある仕事を，どれだけやったかが問題なのである。すなわち，一定の期間に，どれだけの仕事をするか，また，どれだけの仕事をしたかが会社における各人の貢献度とよばれるものであり，これが成果に重点をおいた仕事のやり方なのである。したがって，各人が受け持っている仕事の範囲内で，成果のあがる仕事をおこなうために目標をたて，各人が自分の目標を目指して仕事を推進する方法がとられるのであり，管理者は，自分の目標と部下の目標との達成ぐあいを調整しつつ管理することになる。

ここでいう目標とは，マラソン競技にゴールがあるように，仕事の段どり，時期，結果をあらかじめ設定して，もっとも効率よく仕事を進める手だてとするものである。そのためには，できるだけ具体的に，たとえば計数であらわすことが必要になる』(S社の社内報より)。

つまり，「目標による管理」とは，"ゴールを設定させて，そのゴールに向って邁進させること" なのである。その心は，自ら計画し，自ら遂行し，自ら評価する，いわば自己管理（セルフコントロール）である。たしかに，マネジメ

ント・サイクルとして，すでに計画→実施→評価（Plan→Do→See）が従来から認識されて来たことは事実である。しかし，このサイクルのうち「計画」および「評価」は，マネジメントないしはスタッフが担当して，「実施」の面だけが大勢の働く人々に強制されるという形で分離していた。すなわち，働く人々の立場からすると，「計画」と「評価」という物のはじめとおわりであり，かつ楽しみの多い機能が他人の手にあり，自分は受動的に血汗な機能のみを分担する仕組になっていた。この仕組みでは，人間が効率よく働くことには限界がある。そこで，従来の計画→実施→評価のマネジメント・サイクルを，働いている各人に分割して，小規模ながら自己計画→自己実施→自己評価，すなわち自己管理にまで委譲した形態が「目標による管理」だといってもよい。その結果，新たに「計画」および「評価」機能を付与された人々は，物事を具体的に，計数的に思考するように変革が求められて来るのである。この状態においてはじめて，人間は自己啓発，自己成長の必要性を感じて，自分のレベル向上に挑戦する。なぜならば，物事の成就は「計画」のよしあしに左右されることを知っているからである。

2　生活型「目標による管理」の意義

　「目標による管理」は，ドラッカーにおいてはマネジメント・バイ・オブジェクティブ（management by objectives），シュレーにおいてはマネジメント・バイ・リザルツ（management of Results）という言葉で提唱されたことは今や周知のとおりである。ということは，とりもなおさず「目標による管理」は，欧米の思想であり，われわれが翻訳判をもて遊んでいるかのごとき感じを与えるかも知れない。われわれは「目標による管理」の理解の上に立って，わが国の，いや身の廻りの「目標による管理」の幾つかの現象の発見につとめた。このアプローチは，「目標による管理」の何んであるかを知らない人，あるいは難物であると手こずっている人，さらには「目標による管理」を比喩的に説明しようと努力している人びとにとって有益であると自負している。このアプロ

ーチを名づけて『生活型「目標による管理」』として，本論に先き立って述べることによって，「目標による管理」のよりよい理解に役立てたいと思うのである。

「目標による管理」の真髄をあらわすものとして，まず浮ぶことばは，"一年の計は元旦にあり"である。このことばは，説明するまでもなく，この一年間にぜひ実現したいことを年の始めの元旦に計画すべきであることを意味している。いわば，「私的年度計画」の必要性，重要性を説いたものである。今ここにおいて，"一年の計は元旦にあり"を「目標による管理」と比較して論じる理由は，計画期間が両者共一年間で同じであることと，他人からの命令や強制によって計画が立てられるのではなくあくまでも自主計画であるという共通点があるためである。ただし，相違点もある。それは，"一年の計は元旦にあり"はほとんど記録しないのに対して，「目標による管理」の手法では計画（目標）設定の段階でかならず記録にとどめる点である。この相違は，計画を自己意識内にとどめるか，または公表といういわば"大風呂敷をひろげる"という形としてあらわすかにあり，その相違は計画の実現性に大きく影響してくる。なぜならば，後者の場合には"ほらを吹き当てろ"という諺が適用されるからである。"一年の計"が三日坊主になるのは，計画設定者の意志薄弱なことにもよるが，その弱点をカバーするために計画を記録して公表しないことが大きく関係している。

生活型「目標による管理」の第二は，スポーツの練習と上達法をあげたい。普通，われわれスポーツ愛好者の陸上競技100メートルの目標タイムは，11・12秒台であり，水上競技100メートルでは1・2分であろう。これらの目標タイムならば普通の素質を有している人が精進すれば到達可能な線である。したがって，陸上競技100メートルで10秒を割るとか，水上競技100メートルで1分を割るといった"高嶺の花"的な目標をたてるよりも，精進すれば到達できそうな水準の目標をたてる方が練習も楽しくまた効果もあがると思われる。

ゴルフもこの例外ではない。ゴルフは，ビギナー，シングルあるいはプロを

問わず，スコアカードに記されているホールごとの「パー」(par＝基準打数)に向かって挑戦するわけである。各プレヤーの技倆に応じて「パー」を基準としながらも，心ならずも「ボギー」ペースを自分の目安とする人もいれば，ビギナーでは「ダブルボギー」を到達可能目標とせざるをえない。プロともなれば，マイナスの時限ともいうべきアンダー「パー」で勝負がきまる。「目標による管理」とゴルフ競技を対比させた理由は，「パー」は所与のものではあるが各ホールごとにきめられているために大変目標が細分化されており，全世界共通であるためである。目標が細分化されている状態では怠惰は禁物であり，目標が数字で表示されていることはより具体的であり評価がしやすいことを示しているのである。いずれにせよ，ゴルフにおける「パー」の存在は，ゴルファーに練習を強いることとなり，能率よく上達する尺度になっているのである。

　生活型「目標による管理」の三つめのパターンは，人生設計における「目標による管理」である。筆者の身の回りに中学校を卒業したときに，「よしおれは夜学で高校，大学を卒業しよう」という目標を立てて8年間頑張った人を知っている。その人はさらに10年以内に，できれば結婚以前に自分の家を持とうという目標を立てて，いずれもこんにち現在達成している。巷の消費経済へのいざないや，レジャーブームの誘惑をしりぞけて"わが道を行く"この態度は立派である。結婚資金，育児費用，育英資金などの生活資金に追いかけられて定年の退職金をもってやっと持家の住宅資金に当てようとしている人々にとっては見習らうべきことであろう。この場合の目標は，ただ「10年間に住宅資金をためよう」という抽象的なものではなく，「10年間に2000万円をためる。したがって1年間に200万円，ボーナス時期に40万円ずつ，残りは毎月10万円の貯金をする。そのためには電化製品と大物の衣料を買わずに我慢する」という短時目標と具体性が不可欠である。

　生活型「目標による管理」の最後のパターンは，教育方法である。あるサラリーマン家庭に中学1年生になる二男坊がいた。学校の成績は，5点評価法による全科目3点，すなわち中位というのん気坊主であった。父親はもちろん本

人ももう少し成績をあげたいという希望はあった。ある日，父親が考えた挙句二男坊とともに成績向上策を練った。その結果，本人に今学期中に4点にできそうな科目をあげさせたところ，英語，国語，社会の3科目だという。さらに，それらの科目を4点にするための学習方法を問うたところ，いそいそと勉強部屋から参考書をとり出して来て，英語はこのリーダーを毎日1ページ，国語は日本文学全集を3冊読み，社会は百科辞典を調べればよいというのである。父親としては今まで無欲だった二男坊だけに多少重荷ではなかろうかと危惧したが，せっかく本人が申し出たものだからと是認した。その結果は見事に報いられて期末の成績表には，英語，国語，社会は4点の評価がなされていた。父親はこの結果に力を得て，二男坊に来学期の成績向上目標を立てさせたところ，今度は数学と理科を4点にしたいという。具体的な勉強方法は前回と同様本人に任せた。その結果はまたもや見事に報いられて，結局，英語，国語，社会，数学，理科の5科目が4点になったという。この家庭では爾来，本人に今学期重点をおく科目および具体的な勉強方法をきめさせるやり方で，中学校の卒業時には全科目5点の最優秀な成績をおさめ，今は成長して一流大学に在学中とのことである。世の教育パパ，ママは学ぶべきところであろう。この教育方法にみられるように，「成績を向上させたい」という親子の共通目標を，いかに本人に納得させ，本人自身にその具体策を考えさせるかが問題であるが，この点は企業における「目標による管理」とて同様である。

　前記した生活型「目標による管理」の諸例示であきらかのように，われわれは日常生活の中においてもすでに「目標による管理」的な行動をとっているのである。ただ，そのことを意識するか意識しないかのちがいである。「目標による管理」が意識を必要とするものであれば，これを"意識革命の旗手"と称してもオーバーな表現ではなかろう。それほどに，「目標」の意識の有無が成果に影響しているのである。

3 「目標による管理」導入の時代的背景

すでにふれたように「目標による管理」は，業績主義，能力主義，実力主義の尖兵であるともいえよう。あるいは，資本主義経営の行き詰りを打破するための"救世主"であるとも，また，人間性の尊重という立場でのマネジメントであるともいえる。いずれの立場をとろうとも，過当競争に打ち勝つために人間と機械の効果的な組合せが必要なことはいうまでもないが，とくに人間の効率的な働きが勝敗のわかれ目である。効率のよい労働とは，"動機づけ"された上質な労働をいい，ここに"企業は人なり"のことばが生かされるのである。社員教育の狙いも実は，この"動機づけ"にあるにせよ，「目標による管理」は仕事上で，自主計画→自己実施→自己評価，すなわち自己管理（セルフコントロール）によって動機づけをおこなう点が業績向上に直結しているだけに強味である。すなわち，"動機づけ"された人間性尊重の度合いが，他企業との競争に打ち勝つきめ手になると考えられるのである。

「目標による管理」によって，動機づけされ，その結果が客観的に把握できるようになると，いわゆる業績主義，能力主義，実力主義そのものへの突入を意味する。われわれは，今や業績主義，能力主義，実力主義を賛美したり評論する段階から激動する競争の渦中におどりでて，実践の中において業績をあげなければならないのである。

4 「目標による管理」の理論的背景

「目標による管理」が一種のブーム化して今や各企業が競ってその導入に懸命になっていることは事実である。ことの性質上，ブーム化することは不本意であるが，"熱しやすく冷めやすい"国民性ではやむをえないかも知れない。ただ恐れることは，戦後のわが国の経営の近代化に貢献した幾多の管理手法と同様，管理手法の理論的究明や適用しうる背景の考察もなく，ただそのテクニックをもてあそんだ結果，「目標による管理」はわが国の土壌には適さないという判断と評価をうけることである。幸い，ここでいう「目標による管理」は

突如として出現したものではなく，後程詳述するとおり，マックス・ウェーバー，リッカート，サイモン，セルツニック，アージリスなどによって代表される，いわゆる行動科学（behavioral science）の研究成果が開花したものと考えられるのである。したがって，従来の幾多の管理手法が理論的には根なし草的存在であったのに反して，「目標による管理」は一時のブームに左右されることのない確固たる歴史と理論的背景をもっていることがその特徴であるといえる。

われわれは次節において，アメリカ経営学の諸学派，とくに「目標による管理」の理論的背景と目される「行動科学」派に焦点をあわせてその位置と主張とを素描し，「目標による管理」の理解の資としたい。

4.1 現代経営学の諸学派──クーンツの分類

われわれは，「目標による管理」を支えている「行動科学」派の位置をさぐる方法として，主としてアメリカ経営学を「あまり単純化しすぎる危険を冒して」まで整理統一をはかろうとしているハロルド・クーンツの所説を紹介したい[1]。なお，クーンツはオドンネルとの共著 *Principles of Management* がわが国において『経営管理の原則』（ダイヤモンド社）として訳出されているのでなじみ深い人である。

クーンツ達は，アメリカ経営学に見られる種々の見解を「あまり単純化しすぎる危険を冒して」ではあるが，つぎの六つの学派に整理したことは有名である。

① 経営過程学派（The Management Process School）
② 経験学派（The Empirical School）
③ 人間行動学派（The Human Behavior School）
④ 社会体系学派（The Social System School）
⑤ 決定理論学派（The Decision Theory School）
⑥ 数理学派（The Mathematical School）

つぎに，これらの学派の接近方法と人脈と彼らの主要著書を列記して参考に供しよう。

①の経営過程学派は，経営を組織化された集団内で活動する人々によって仕事をしてもらう過程として把握する。この学派は，よしにつけあしきにつけ，「伝統的学派」とか「普遍主義的学派」との別称があり，学祖はフランスのアンリ・ファイヨール(都筑栄訳『産業並に一般の管理』風間書房)だといわれている。

②の経験学派は，文字どおり，経営学の対象として成功または失敗した経営者たちの経験を分析する。この学派に属する人には，"*The Great Organizers*"(岡本康雄訳『現代の企業組織と経営者』ダイヤモンド社)や"*Management-theory and Practice*"(木川田一隆・高宮晋監訳『経営管理—その理論と実際』ダイヤモンド社)などを著しているアーネスト・デールがいる。

③の人間行動学派は，経営することは，人々に仕事をしてもらうことであるから，経営の研究の中心は人間相互の関係におかなければならないという。この学派は，ヒューマン・リレーションズ・アプローチとか，リーダーシップ・アプローチとか，あるいはビヘイビアル・サイエンス・アプローチなどと呼ばれることもある。この学派に属する人々および彼らの著書については本節の主眼でもあるので，やや詳しく別に扱うことにする。

④の社会体系学派は，経営を一つの社会体系，すなわち，文化的相互関連の体系であるとの見方をする。この学派の精神的父は，"*The Functions of Executive*"(田杉 競訳『経営者の役割—その機能と組織—』)および"*Organization and Management*"などの著者，チェスター. I. バーナードである。

⑤の決定理論学派は，意思決定に関する組織的集団，過程，経済的合理性などに焦点をあわせる学派である。

⑥の数理学派とは，経営学と数学的モデルをプロセスの体系と見る理論家たちをいう。この学派は，経営にせよ，組織にせよ，計画にせよ，意思決定にせよ，それが論理的過程であるならば，それらはすべて数学的記号および関係で

表現されるはずであると主張する。

4.2 ハイネスとマッシイの分類

われわれは、「行動科学」派の位置づけを別な角度から知るために、ハイネスとマッシイによる「経営管理思想の流れ」を手がかりにしたつぎのような経営学派の分類をも紹介しておきたい[2]。

① 科学的管理学派（Scientific Management）
② 普遍学派（Universals of Management）
③ 人間関係論学派（Human Relations）
④ 管理経済学および管理会計学派（Managerial Economics & Accounting）
⑤ 行動科学派（Behavioral Sciences）
⑥ 数量学派（Quantitative approaches）

ハイネスとマッシイは、ここに記した各学派に属する人脈をも記しているので、読者の便宜をはかるために各人の主要著書（邦訳のあるもののみ）をあげてその学派の特徴が学習できるようにしておきたい。

①の科学的管理学派にはテイラー（『科学的管理法』）、ギルブレス（『応用動作研究』）、ガント、クック、バーネスなどが属しており、②の普遍学派には、ファイヨール（『産業並に一般の管理』）、フォーレット（『経営管理の基礎』）、ムーニーとレイリー、ホールデン・フィッシュ・スミス（『トップ・マネジメント』）、アーウィック（『経営の法則』・『現代のリーダーシップ』・『現代の経営者哲学』）、デビス（『管理者のリーダーシップ』）、ニューマン（『経営管理』）などがいる。③の人間関係論学派には、メイヨー、レスリスバーガー（『経営と勤労意欲』、ホワイト（『組織のなかの人間』）がいる。④の管理経済学派および管理会計学派では、マーシャル、クラーク、マッキンゼイの他、『経営者のための経済学』を著したデインがいるのである。⑤の行動科学派は、マックス・ウエーバーにはじまり、リッカート（『経営の行動科学』）、サイモン、（『経営行動』）、セルツニック（『組織とリーダーシップ』）、アージリス（『組織とパーソナリティ』）などが属している

他，ハイネスとマッシイが人間関係論学派に入れているマクレガーをこの学派に属するものと修正しておく。最後の⑥数量学派には，シュワアート，フェーラー，サアベイジなどがいるがその著書はあきらかではない。

以上の人脈考察において，バーナードが人間関係論と行動科学派の中間に，同じくドラッカーが科学的管理学派と普遍学派の中間に位置していることは興味深いことであるが，本稿の直接研究対象ではないので問題提起にとどめておきたい。

4.3 ジョン・フランクリン・ミーの分類とアーウイックの「マネジメントの概念」

ミーは経営理念の発展過程を，①科学的管理の段階，②組織とシステムの段階，③経営過程の段階，④経営過程批判の段階，の4段階に分類整理している[3]。

このとらえ方は，前記のクーンツやハイネスとマッシイの分類とは異なり，歴史的，社会的なものである。この四つの発展過程を前例にならって要約するとつぎのとおりである。

①の科学的管理は火付け役のヘンリー・タウンに発し，フレデリック.W.テーラーによって主張され実践されたことはあまりにも有名である。それを一言でいうことは冒険であるが，成長する産業経済における集団作業から，ムダと非能率の排除を図ろうとする先駆的工場経営者や技師の努力の跡である。②の組織とシステムの段階は，経営専門家の登場と一致する。その時期は1930年代であり，経営とか管理とかが問題とされた。経営とは所有者の立場からの言葉であり，そこに「組織」と「制度」が必要となってきた。③の経営過程とは，企業全体あるいは一部門が目標を達成する過程を意味する。普通，一連の行為の過程とは，意思決定，方針の作成，計画の作成，組織，やる気を起こさせる，統制もしくは成果の測定，革新の七過程をいう。しかし，この経営過程の諸要素については定説があるわけではなく，議論百出といえよう。④の経営過程批判とは，前記の経営過程では見落されている経営組織内の人間行動を主張する行動科学者，量的分析または経営科学的手法を用いる数学者，経営は意思決定

表Ⅵ-1　経営の内容

経営はつぎの内容を含む	A. 個人（細胞）	B. 社会単位（有機体）
1. 仕事（メカニックス）	1A. 課業	1B. 課業を準備し相互に関係づけること
2. 人間（ダイナミックス）	2A. 個人を課業に調整すること	2B. 集団を鼓舞し統合すること

出典）　L.F.アーウィック著（今居謹吾訳）『現代の経営者哲学』東洋経済新報社，1952年11月，p.58
出所）　L.F.アーウィック著（藤芳誠一・星野清訳）『現代のリーダーシップ』経林書房，1961年，203ページ

の技術により構成されていると主張するモデル設定論者らによる挑戦であり，修正の要求である。なかでも，経営組織内の人間行動に重点をおく行動科学派の成果は注目に価する。ミーはこの段階を指して，「明日の経営理念」という。これは味わい深い示唆だと思う。

　われわれは，ミーの経営理念の発展過程を追跡している途中において，その内容をどこかで見たことがあるような気がしてならなかった。それはすでに1956年にアーウィックが発表した[4]，「マネジメントの概念」に酷似していたからである。すなわち，アーウィックは約45年前に，行動科学の成果，なかんずく「目標による管理」の必然性を予言していたのである。

　すなわち，〔1A〕では個人がはたす作業量としてのタスクを決定すること。〔2A〕では定められたタスクに個人を適合させること。〔1B〕では諸タスクの効率よい配列をおこない相関させること。〔2B〕では集団の労働意欲の高揚をはかりそれらを総合することを意味している。アーウィックの「マネジメントの概念」は1A→2A→1B→2Bという展開順序を示しており，当然さきに示したミーの見解と類似しているのである。

　ここにおいてアーウィックをとりあげたのは，課業の組織から人間の組織へ

と発展し，その場における人間集団の労働意欲をいかに高揚させてそれらを総合してゆくべきかを示唆しているからにほかならない。われわれは，ささやかではあるが貴重なこのような道標を見すごすことなく実践に役立てていきたいものである。

4.4 マクレガーのX理論とY理論

今まで概説した「現代経営学の諸学派」および「行動科学の成果」が「目標による管理」の間接的背景とすれば，その直接的背景ともいえるべきマクレガーの「X理論とY理論」の概要をも紹介しておきたい。なぜならば彼の主張は，「目標による管理」が単なるテクニックではなく，意識革命をともなうものであることを強く訴えているからである[5]。

〔X理論について〕

マクレガーは，命令や統制に関する伝統的見解，換言すると，従来の伝統的組織や管理理論における人間観を総称してX理論と名づけた。X理論あるいはY理論の呼称は，あ理論でもA理論でもよい。数学で用いる $Y=a(X)$ の一次方程式のX軸，Y軸とは関係なく，単なる分類記号と解してよいだろう。

さて，伝統的人間観とは，①人間とは本来働くことが嫌いな動物であり，②したがってこの種の人間を働かせるにはムチ（おどし）とアメ（懐柔・鼻さきのにんじん）の政策が必要である。さらに③大衆は凡庸であるとみているのである。

〔Y理論について〕

Y理論は，X理論に対して真向から対立する人間観に立っている。Y理論とは，従業員個々人の目標と企業目標との統合とを意味しており，①人間もまた蟻や蜜蜂と同様に働く本性があり，②かなりの程度まで自分が定めた目標に向っては自分自身ハッスルするものである。たとえば，釣り好きの人やゴルファーが早朝自ら起きだす場合もこの例であろう。つぎに③目標を達成したとき得られる報酬，④条件がととのえば自ら責任をとろうとするものだとみるのであ

る。最後に⑤X理論では「大衆は凡庸である」ときめつけたのに対して,「才能は誰れにもある」(エジソン)と180度の切換えをするのである。

では,なぜ〔X理論〕から〔Y理論〕への転換が必要であるかについては,人間の欲求もまた発展するからだという。マクレガーは,アメリカの心理学者マスローの(イ)生理的欲求,(ロ)安全性の欲求,(ハ)社会的欲求,(ニ)自我の欲求,(ホ)自己完成の欲求という欲求五段階説を援用して,彼の〔X理論〕と〔Y理論〕の主張を理論づけた。その結論をさきに示すと,(イ)生理的欲求,(ロ)安全性の欲求,(ハ)社会的欲求の欲求の次元では〔X理論〕にもとづく諸管理施策も有効であるかも知れないが,(ニ)自我の欲求,(ホ)自己完成の欲求の次元ではもはや〔X理論〕では通用せず,働く人々を動機づける〔Y理論〕にもとづく諸管理施策でなければ処理しきれない段階にいたっているというのである。このマクレガーの考え方は,伝統的・古典的組織論に人間行動ないし人間関係,数量分析などの諸成果を注入するため諸学派が乱立している現状と一致するし,ミーおよびアーウィックの見解をもほうふつさせるものがある。

ただし,わが国の現状ではこの種の考えにもとづく諸施策を無批判,無条件で採用するには問題がある。なぜならば,わが国企業において現時点では,〔X理論〕による厳しい仕事の割りつけ,監督といういわゆるTop-down managementがどの程度までおこなわれているか,また人間疎外観を味わうほどに機械化が進んでいるかが疑問に思えるからである。要は,わが国において〔Y理論〕優先の諸施策を実践できる基盤がまだ造成されていないと見ているからである。したがって,企業としては徹底した〔X理論〕方策をとった後において,〔Y理論〕の成果を加味してゆく方法がのぞまれてならない。いうなれば,〔X理論〕と〔Y理論〕との結婚のすすめであり,その結果誕生した「目標による管理」を有効な管理手法として用いられると考えるのが妥当のようである。

5 S社の「目標による管理」の実際

これからS社における「目標による管理」の実際を，導入背景，導入動機，導入方法，展開過程，導入効果などを順を追って説明したい。

5.1 「目標による管理」の導入動機

「目標による管理」をS社で導入したのは，偶発的でも，また突発的なできごとではなく，なりうるべくしてなったといえよう。なぜならば，それは，1962年11月におこなわれた会長から社長への"社長交代期"を契機として展開した「マネジメント体制の確立」の一環としての施策であったからである。より具体的にいうならば，本格的に会社の体質改善をはかり，組織的・制度的管理を指向した昭和38年以降の一応の総決算，総仕上げとみなすことができるのである。その理由をさぐれば，「マネジメント体制の確立」を目指して実施してきた「常務会制度」，「部門長制」などの採用，「MMルーム」の設置および決裁権限規定ともいうべき「業務処理運営要項」，「業務分掌規定」，「研究管理規定」などの諸規定の制定に立脚した経営者・管理者の精神改革によるところが大きいのである。

さて，S社における「目標による管理」導入の直接的かつ主要な動機として，「年度別経営方針」の発表とその具現化過程をあげることができる。その「年度別経営方針」とは，つぎのとおりである。

1962年および1963年

　「少数精鋭主義」

　「アイデアの活用」

　「原価意識の高揚」

1964年

　「能率をたかめよう」「収益をたかめよう」

　「賃金をたかめよう」「識見をたかめよう」

1965年
　管理者に対して「マネジメント体制の確立」
　全従業員に対して「計数管理の重視」
1966年
「目標による管理」
「無欠点運動の展開」
1967年
「目標による管理」と「無欠点運動の展開」を支えとした『効率をたかめ実力ある会社に』
1968年以降省略

　ここに示した「年度別経営方針」の項目だけからでも推察できるように，当初はどちらかというと，スローガンや啓もう的なものが多く，順次実践的なものへと変化しつつ，内容も充実されてきている。

　しかし，残念なことには，ある経営方針はトップの理想や理念であったり，あるいは，企業の終局的目的である"利潤追求"をオブラートで包んだ間接的，抽象的表現のものが多かった。事実，従来ややもすると経営方針とは，高邁な理想型がよいとされていたが，資本の自由化，若年労働力の逼迫，技術革新のすさまじさを肌で感じ，はたまた，山陽特殊鋼などで代表された倒産を目撃するにつけ，経営方針それ自体が形式主義より実質主義，理想主義から現実主義，理論的よりもむしろ実践的なものへ，ちゅうちょすることなく変更することが要請されていることを知った。しかも，たとえば昭和40年の管理者に対して『マネジメント体制の確立』および全従業員に対して『計数管理の重視』という二つの経営方針は，この方針を遵守，推進することによって"利潤の追究"をはかりたいことを如実に示しているわけである。もしそうであるならば，業績向上に直接的に役立ち，なおかつ多くの従業員を動員しうるマネジメント手法は何んであり，それらを打ち出すべきではなかろうかと，調査研究をしはじめた。ちょうどその頃，"目標設定による業績評価"といった角度からのアプ

ローチが喧伝しはじめられ，企業における行動科学的諸方策の重要性が認識され，注目を集めはじめたわけである。

S社としては，当然のことのように「目標による管理」を導入するための準備を開始した。しかも，「目標による管理」の対象を，創造的業務にたずさわっている主任以上の管理者・監督者としたために，前年の例にならい全従業員に対しては「無欠点運動の展開」をその方針とした。

5.2 「目標による管理」の導入準備

S社の場合，「目標による管理」および「無欠点運動の展開」を1966年の経営方針としてとりあげたことは，すでに述べたとおりである。このように，経営方針として「目標による管理」を導入することは，大切なことであり，その成果が大きく左右されるポイントでもある。なぜならば，仕事を命令する人も，また命令される人も，従来の固定観念を破棄して，"どのような仕事の進め方が最も効果的であるか"を考え，実行してゆくためには，トップマネジメントの深い理解と強力な支持が必要であるからである。すなわち，部分的に適用される管理手法ではなく，全社におよぶ革新だからである。

それはさておき，経営方針として年頭に発表するためには，最低3ヵ月，できれば6ヵ月の準備期間が必要といえる。その準備期間中になすべき主要業務には，つぎの二つがあると思う。その一つは，「目標による管理」の導入にあたって必要な①趣旨説明，②目標カードの設計，③目標カード作成のための手引書作成，④社内PR，⑤導入によって惹起されそうな事項の予測とその対策，⑥「目標による管理」によって期待する事項ないしは程度の確認などである。その2は，「目標による管理」の実施上の核ともいうべき「会社目標」の設定方法である。公式論的には，トップマネジメントが，ゼネラル・スタッフと称される部署で作成させた「長期計画」にもとづいて，経営意向を加えてデシジョンすればよい，ということになるだろうが，これでは実効はあがらない。そこでS社では，夏冬年2回開催される「管理者研修会」を活用して，全社の

管理者に「S社3ヵ年の青写真」を描いてもらい，それらを集計，要約して管理者の最大公約数的な意見とみなして，それにトップマネジメントのデシジョンを付加しているのである。「目標による管理」の中心ともいうべきS社の「会社目標」は，このような形で管理者の参画をえて設定されているのである。

つぎの問題としては，「目標による管理」の推進部署をどこにおくべきかがある。すでにくりかえし強調しているように，「目標による管理」の根底を自己管理におくならば，推進部署を設けること自体ナンセンスであろう。しかし，行動科学が何であるのか理解が浅く，企業内での運営方針が明らかではなく，そのうえ「目標による管理」推進のスケジュールや目標設定者が未熟の段階では，暫定措置として社長室，調査室，企画部，管理部などゼネラルな性格を有する部署が推進母体となることも止むをえないことと思う。S社では，この任務を社長室が司っているが，ゆくゆくは，各部門独自の運営にまかせられるように実質的内容を指導してゆくことが肝要だと考えている。間違っても，「目標管理」部ないしは課が，組織上でも業務上でも誕生しないように気をつけてゆきたいものである。

つぎに，筆者が「目標による管理」の小道具と称している「目標設定の手引書」と「目標カード」について特に触れておきたい。

まず，「目標設定の手引書」についていえることは，「目標による管理」が何であるかを知っており，しかも，社内事情に精通している人が，かんで含めるように詳細に，やさしい表現で記述することがのぞましい。この手引書は，経営方針と表裏一体をなすものであるから，他社の模倣より脱脚した，より自社向きのものを作成すべきものと思われる。

いかに優れた理念にもとづく「目標による管理」であっても，それを大勢の人々に具現化させる際の有力な手引書が説得力に富んでいなければ，その理念も業績向上に寄与しがたい。そのために「目標設定の手引書」は，企業内の「目標による管理」のパターンを定める小道具中の大道具といえるわけである。

ついで「目標カード」の様式に移ろう。「目標カード」は，さきの「目標設

定の手引書」に比べると，さらに一段と小さい道具かも知れないが，これとても無神経なものは「目標による管理」自体をゆがめる結果になりかねない。たとえば，カード自体の名称，項目数および細分割の数，スケジュールのとり方，自己評価の記入様式，協力者あるいは部課の有無，カードの複写とその利用方法，項目ごとの必要予算の表示と承認など枚挙のいとまがないくらいだ。S社の場合を例にとれば，課長・副長・係長・主任が設定する目標カードに親しみをもたす意味あいから「私の目標カード」と称したり，3枚複写のカードは①目標体系図作成用として社長室経由常務会，②管理の手がかりとして使用する目的をもって部門長，③そして本人の控えとして手許に保管されるよう工夫した。この三枚複写式カードは，あとで詳説する達成率評価の際に大きな役割をはたしてくれるのである。

5.3 目標設定の手順と日程

S社の目標設定の手順は，昭和41年1月1日付の「S社の社内報」で「目標による管理」を経営方針のひとつとしてとりあげる旨発表した際，「会社の目標」と関連させながらつぎのように指示した。

すなわち，「四囲の情勢と，S社の社会的地位および会社に関係する得意先，仕入先，従業員，株主への責任を配慮した場合，昭和41年度の『会社の目標』をつぎのとおり定める考えである。

資本金を，できれば昭和41年8月までに，約〇〇億円に増資したい。そのためには，当初の目標として，少なくとも年間売上高を約〇〇億円に，すなわち月間売上高〇億円に，年間税引利益を〇億円以上を確保することが必要である。したがって，この大きな目標を達成するために人事，財務，管理，営業，資材，技術，生産，品質管理などの業務区分のもとに，関係部門長の総意により『業務区分の目標』を設定する。各部門においては『会社の目標』と『業務区分の目標』にもとづいて，さらに部門の構想を加え，五つの重点目標をできるだけ具体的に計数的にあらわした『部門の目標』としてもらうことになる。

ついで，課長，副長，係長および主任には，別に定める目標設定の手引きを参照しながら，各人の『私の目標を』つくることを指示する」というものである。

これらによって明らかのとおり，目標の種類ないしは階層ごとの目標は，「会社の目標」，「業務区分の目標」，「部門の目標」および「私の目標」の4種類となり，それぞれの目標設定者を定めていることである。ここで注意すべきことは「会社の目標」と「部門の目標」の間に「業務区分の目標」をおいたことである。この目標は，先きに示した機能別の区分（ヨコ割り）と，製品ごとの流れによる区分（タテ割り）の両面から，業務を縦横から検討して目標を定め「会社の目標」と「部門の目標」との橋渡しの役割を担なわせたものであり，S社独自の形態である。その他，導入した初年度の「業務区分の目標」の設定にあたっては，各部門長の自主性にまかせるところが多かったが，2年目にいたり分担指導取締役がイニシヤティブをとるように改変され，カードの様式も当初任意にしたものをおし着せ的へと改変してしまった。

ここにおいて，今まで述べてきた目標の種類，目標設定者，設定日，提示方法ないし対象者，提示日，設定した目標の提出先および提出日などを一覧にまとめると，図Ⅵ－1のとおりである。

本節のおわりにあたり，「目標設定の手引書」から"「私の目標」設定要項"を抜粋して紹介しておこう。なぜならば，この「私の目標」設定要項が，目標設定手続について最も詳細に表現していると思われるからである。

「私の目標」設定要項

各部門の課長，副長，係長および主任（以下，「私の目標」設定者という）は，部門長から示された「部門の目標」を達成するためにつぎに明示する順序ならびにカードへの記載上の注意事項にしたがって「私の目標」を設定してください。

(1) 「私の目標」設定者は，めいめいが担当している仕事の範囲内で，昭和41年度中（昭和41年4月1日より翌年3月31日まで）に重点的におこな

VI 目標管理制度の理論と実際　157

目標の種類	会社の業務目標	業務区分の目標	部門の目標	私の目標
設定者	常務会	関係部門長（分担指導取締役の指導）	各部門長	課長・副長係長・主任
設定日	〔1.1〕 1.1	〔1.12〕 4.8	〔2.19〕 4.17	〔3.5〕 4.25

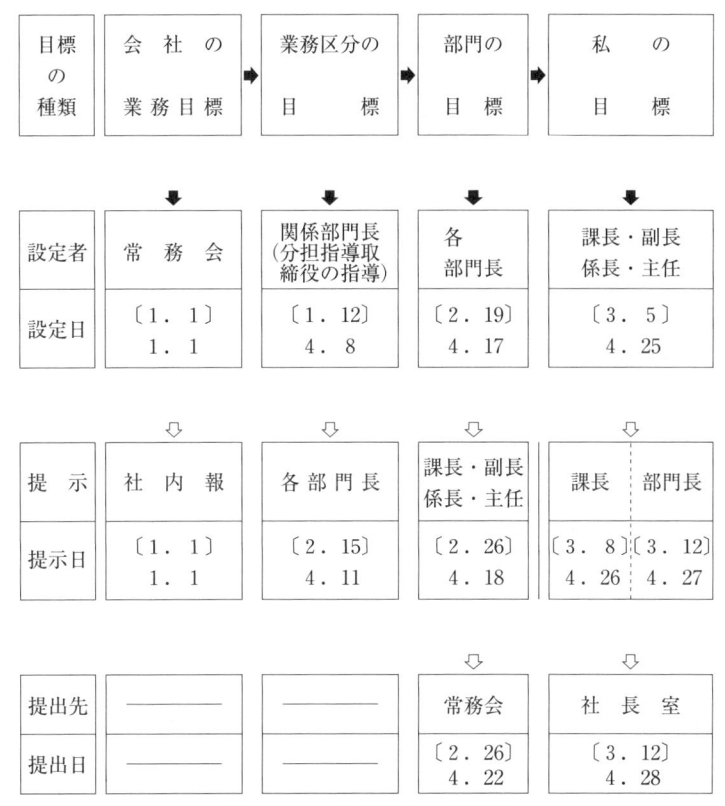

提示	社内報	各部門長	課長・副長係長・主任	課長	部門長
提示日	〔1.1〕 1.1	〔2.15〕 4.11	〔2.26〕 4.18	〔3.8〕 4.26	〔3.12〕 4.27

提出先	———	———	常務会	社長室
提出日	———	———	〔2.26〕 4.22	〔3.12〕 4.28

図VI-1　目標設定の手順図

いたい仕事を検討して，その結果を「私の目標」カードの目標欄に記載する。なお，「私の目標」設定者の仕事の範囲内には，所属従業員を指導しておこなわせる仕事および協力を得ておこなう仕事を含むものとします。
(2) 「私の目標」の設定にあたっては，まず「部門の目標」を理解する必要があるので，部門長および管理者と話しあう機会をもつこと。
(3) 「私の目標」の数は，できるだけ五項目以内とする。ただし，目標を達成する手段として，小目標あるいは内訳項目をつくってもさしつかえな

表−2 私の目標カード（本人控）

[A4判]

い。

(4) 「私の目標」は，重点順位にしたがって，1，2，3，4，5と項目別に記載すること。

(5) 「私の目標」の内容は，質，量とも，なるべく具体的に，できれば計数的に記載すること。ただし，この点についてはあまり厳密に考えなくてもよい。

(6) 「私の目標」は，あくまでも今年度の重点的事項であるから各人の担当している仕事のすべての範囲におよぶことはできないし，また，その必要はない。

(7) 「私の目標」は，各人は現在の能力で，安易に時を過して達成できるような事項を目標としてはならない。また，あまり高すぎる目標も「私の目標」としては，不適当である。

(8) 「私の目標」は，あまり短期的な業績向上のみを考えて設定してはならないし，またその達成にあまり長期的な日時を要する事項は適当ではない。

(9) しかし，仕事の性質等により，「私の目標」を達成するのに，来年度以上の長期間にわたる事項については，今年度に達成できる成果を中間目標としてひとまず設定して，この中間目標と最終目標との関係を「私の目標」カードの備考欄に記載すること。

(10) 「私の目標」を達成するにあたって，他の人，または他の部門の協力を必要とする目標については，その旨，「私の目標」カードの「協力者」欄に記載すること。

(11) 5項目からなる「私の目標」をそれぞれ達成させるために要すると思われる時期を「スケジュール」の該当月に実線で明示すること。

(12) 「私の目標」が設定された場合，「部門の目標」と調整されているか否かを，部門長および管理者の助言をうけることがのぞましい。

5.4 「目標による管理」導入時に配慮したことがら

　「目標による管理」を全社的にとりあげるにあたり、事前研究に約半年、導入準備に3カ月余を費し、慎重にことを運んできた様子はすでに述べてきたところである。ことに意識革命を必要とする「目標による管理」導入に際しては、事務的・形式的な配慮以上の、いうなれば"かゆいところに手がとどく"式の心くばりが、結局成功に導く途であると思い努力してきた。それは、推進担当者だけが味わえる、運営上の綾とか醍醐味とかというにふさわしいものかも知れないが、そのうちの主なものを記録にとどめておくことにしよう。

(1) 「目標による管理」の中心に部門長をおいた

　前掲した「目標設定の手順図」や「私の目標」設定要項からも読みとれるように、「目標による管理」の中核に部門長をすえおいた。このことは、各種の目標設定が業務の独自性にもとづくところが大きいだけに意義がある。すなわち、部門長は「会社の目標」に対しては「当社3カ年の青写真」を通じて間接的に、「業務区分の目標」においては関係部門長とともに審議し、「部門の目標」設定にあたっては主役としてふるまい、「私の目標」設定者に対しては指導するという立場にいるからである。部門長はこのような形ですべての目標にかかわりあいがあるのである。したがって、社長の経営方針の説明や「目標設定の手引書」、「目標カード」の説明など絶えず部門長を優先するよう配慮した。

　つぎは、部門長が常務会の席上、各自の「部門の目標」を所信説明の形で発表する機会をもった。この措置は、すでに常務会宛に提出した「部門の目標」を当該部門の責任者である部門長が公式的に説明するものであるので、"大風呂敷をひろげる"中にも責任と自信に満ちた決意を述べる絶好の機会となっている。

　その他、昭和41年4月のことであるが、社内新聞に「部門の目標」の推進役であり、主役の大任を担ってもらう部門長の抱負、横顔、顔写真を掲載した。このことによって、「目標による管理」はある特定部門で推進するのではなく、各部門のそれぞれの部門長が推進役であることを認識しあう結果となり、大成

功だったと思っている。

(2) 「私の目標」設定者を課長，副長，係長，主任に限定

　これまた，「目標設定の手順図」や「私の目標」設定要項であきらかのとおり，S社の場合，「私の目標」設定者すなわち「目標による管理」の実施対象者を，課長，副長，係長，主任に限定した。この方針は，数年余たったこんにちでも正しかったと思っている。その主な理由は，「目標による管理」の目標設定という行為の前提に，創造的な仕事が考えられているからである。アメリカにおいて「目標による管理」の対象には，ホワイト・カラーとくにスタッフ部門の人々を選べといわれていることは意味あることであり，単調な装置工業やコンベヤー作業にたずさわっている人々に目標を設定させること自体酷なことである。なぜならば，主体性のあるところに自主性があり，そこに目標を設定しなければならない弱さがあるが反面，生産計画にもとづく時間管理下におかれている人びとには仕事を選択する余裕も方法も与えられず，ただひたすら割りつけられた仕事を遂行するのみであるからである。この種の業務に従事している人びとには，「目標による管理」対象からはずして「ZD運動」を適用することがのぞましいと思う。

　その他，現実の問題としては，「目標による管理」を導入した初期において，趣旨の不徹底から各種の目標が設定できないという混乱を恐れて主任以上に限定したことも事実である。

(3) 「私の目標」カードの様式作成について

　まずはじめに，カードの名称のことがある。「目標による管理」の真髄が，自主計画＋自主実施＋自己評価，すなわち自己管理にあるならば，自主計画であることを表現する「私の目標」カードと呼称することが，素直でもあり得策であると判断した。

　つぎに，「私の目標」カードを3枚複写とした（当時はコピー機があまり普及していなかった）。このことはなんら変哲もないことと見すごされがちであるが，筆者はこのことを実用新案くらいの価値あるものと高く評価してもらいた

いと考えている。その理由は，1枚は本人控え，1枚は部門長控え，1枚は目標体系図作成のために社長室へ提出されることにより，一枚の「私の目標」カードが同時に多角的に活用できるからである。本人控えのカードは，本来"ほら"に終りがちな希望的観測を書きとめておくことにより"ほらを吹きあてよう"と努力することになり，部門長控えのカードは，所属従業員がどのような方向を目指して努力しているかが事前にわかり，管理者としてうつべき手はずができるという効用がある。3枚目の社長室へ提出するカードは，全社の目標体系図を作成し，常務会の手で目標にもとづく人員，目標自体，予算などの調整がはかれるという公式的な効用の他に，組織の末端近くで実践活動をしている係長・主任達の目標から現状認識が深められるという副産物的な効果がある。「目標による管理」の考え方からすると，業務担当者がその業務にもっとも精通しており，その人達の自主的な働きがもっとも効果があがるのであるとするならば，この副産物的な効果こそ，実は「目標による管理」の本命であるのかも知れないと考えている。

「私の目標」カードの多角的な利用の一つに，達成率の記入，すなわち自己評価のことがある。「私の目標」に対する自己評価は，年度末にあたる3月31日以後におこなうのであるが，カードが3枚複写になっているために，本人は本人控えのカードへ，部門長は部門長保管のカードへ，それぞれ別々に達成率を記入することができるので，常務会としてはそれらの達成率評価の相違をもまた利用できるわけである。

6 「目標による管理」の効果と将来性

S社の「目標による管理」の効果と将来性を論じることは早計だと思うが，導入当初はあまり期待していなかったこと，あるいは予測できなかったことのうち，すでにかなりの効果をもたらしていると思われるものがいつくか散見できるので，あえて紹介しておくことにする。

6.1 経営方針の徹底

すでに，3.1「目標による管理」の導入動機でも述べたとおり，S社が「目標による管理」を導入した方法は，トップの要請により経営方針の形でおこなわれた。したがって，経営方針を発表した「社内報」は，S社においては「目標による管理」の基本的な教科書に該当し，そのために全従業員に熟読玩味された。とくに，「私の目標」設定者として指名された数百名におよぶ課長，副長，係長，主任以上のものは，「私の目標」カードへの記入という具体的行為がともなうだけで必要に迫られて読んだ形跡がある。たとえどのような目的であったにせよ，経営方針が繰りかえし読まれて周知徹底されたことは，経営方針を発表する，という基本的な意図からすると喜ばしいかぎりである。この点をとらえて，「目標による管理」それ自体の効果もさることながら，経営方針の徹底だけでもその効果の大きいことを認めなければならないと思うのである。

6.2 計画のむずかしさを知った

「目標による管理」は，自主計画にはじまり自己評価でおわるサイクルだといった。この自主計画をすることは，個々人を動機づける大きなポイントであると同時にむずかしい作業なのである。それはちょうど，権限があるかわりに責任があるようなものである。

目標設定者が，各自の1ヵ年間の業務上の計画を立て，その中から五つの重点目標を選び出す過程において，計画することのむずかしさと重要性を学びあったことは大きな収穫だった。なぜならば，計画する過程において当然のことながら，過去の反省，現状分析，および将来の見通しという段階をふんでいるからである。この経験から，特定部門で作成する「長期計画」にクレームをつけることも少なくなったばかりか，年度を単位として実施している，たとえば「項目別予算管理」，「年間休日」，「年間行事計画」などの理解を深めたことは今後の施策遂行上大きなプラスとなった。

6.3 目標設定のための話し合い

よく職場内の人間関係を改善する一方法として,「話し合い」が強調されている。しかし,両者に共通する話しあう材料がなければ,それは単なる話しあいのための話しあいに終ってしまうのは当然である。「目標による管理」のよいところは,約1年前に当該年度におこなわれようとしている重点事項が,全従業員に知らされるという点でもあるが,業務担当者として一番関心の深い自分の仕事を中心に上司と話しあいがおこなわれやすいところにあるのである。

管理者は案外,所属従業員の仕事の内容にうとく,的確な指示・助言ができない場合が多いので,目標設定の過程において管理者はあらためて業務把握を心がけ,部下はここぞとばかり仕事中心のPRをはかる絶好の機会なのである。このような話しあいこそ,学閥リレーションズ・閨閥リレーションズ,アルコール・リレーションズを撃退し,健全な「仕事リレーションズ」を醸成する基盤になるのである。

6.4 管理資料としての利用

5.4(3)「目標による管理」導入時に配慮したことがらにおいて「私の目標」カードの様式についてふれた際,カードを3枚複写に設計したことを多少誇らしげに記してしまった。そしてカードを多角的に活用できる利点をいくつかあげた。その中で一番実効があると思われるのは,「私の目標」カードを管理資料として利用することであることを再度強調したい。この考え方は,「目標による管理」という場合の「管理」について説明したこととやや矛盾するかも知れないが,正直いって企業内に経営者,監督者,それに一般従業員という階層が現存し,X理論を基調としながらもY理論を付加した諸施策を実施している現状ではやむをえないことと思う。

現段階ではむしろ,目標設定者の人びとだけでも自分達の仕事を正しく上司に知ってもらいたいという気持が強いのではないだろうか。また管理者も部下

に接する場合，仕事に直接かかわりあることから入るべきであり，従来ややもすると部下の担当ないし関心がある仕事がわからずに，家族のこと，天候のことなど仕事に関係のない間接話法から入っていたことから解放されるのである。

「私の目標」カードには，所属従業員が業務上最も関心をもっている事項が記されているのであるから，管理者としては，部下の業務を把握する資料としてかけがえのないものと考え，その有効的な活用方法をはからなければならないと思う。

6.5 運用上の希望

結びとして，「目標による管理」の将来性というべきか，あるいはこのような考えにもとづいて運用をはかってゆきたいという希望を述べておきたい。

それは，「目標による管理」による達成率と人事考課との関係についてである。

今さら「目標による管理」の原則論ともいうべき，自主計画＋自主実施＋自己評価をもちだすまでもなく，あくまでも「私の目標」に対しては「私の評価」をおこなうべきである。多少「目標による管理」が軌道にのったからとか，あるいは適切な人事考課方法が見つからないからとかいって評価の部分だけを「上司の評価」に豹変させてはならない。それは詐欺であると断言しないまでも，"衣の下のよろい"であり，大事の前の小事に拘泥している結果とみなされやすい。

「目標による管理」の利点とか効果については，これまで述べてきたわけであるが，要するに組織の拡大や業務の多様性・迅速性のためにトップマネジメントからの命令・指示・統制に限界のあることを是認して，その対策として数百名からなる当該業務の専門家としての目標設定者に問題の摘出を依頼したと考えるべきではなかろうか。専門家を評価するには，もう少し専門的な評価方法を研究して用いるのでなければ，あまりにもイージーにすぎはしないだろうか。

したがって，現在こそ，大局的な立場から行動科学の成果を見守る時期であると思うのである。

注）
1) Harold Koonts (ed.), *Toward a Unified Theory of Management*, 1964.
2) W. Warren Haynes and Joseph L. Massie, *Management*, 1961.
3) J.F. ミー著（高橋達男監訳）『明日の経営理念』産業能率短期大学出版部，1966年
4) L.F. アーウィック著（今居謹吾訳）『現代の経営者哲学』東洋経済新報社，1958年
5) D. マクレガー著（高橋達男訳）『企業の人間的側面』産業能率短期大学出版部，1966年

Ⅶ 人事考課制度の運用と問題点

　人事考課は人事管理をするうえで，もっとも重要な制度である。それは，働く人びとを評価し，彼らの処遇を定める際の資料として用いられるからである。働く人びとは，自分が果たした業績を正当に評価してもらいたいと切望している。したがって，業績を高く評価された場合(業績＜評価)は業績を低く評価された場合(業績＞評価)よりも，意欲的な働きを誘発する。適切な人事考課は動機づけに有効である。

　「企業は人なり」とか「経営は人材次第」といわれれて久しい。人事考課は，経営の根幹にかかわる人びとを動機づける大切な公的(公式)な制度であるといえる。そこで筆者は，人事管理論の対象が働く人びとである以上，彼らの意欲づけ，動機づけに直接的に，また公式にかかわりのある人事考課制度を考察して，理論と実務との乖離を防ぐことによって人事管理論の充実をはかろうとするものである。

1　人事考課とは何か

　人事考課とは何か。広辞苑によれば，人事とは「個人の身分・能力に関する事柄。人の一身上に関する事柄」であり，考課は「律令時代の官人の勤務評定。各官庁の長官が毎年部下の勤務成績を上上から下下までの9等級に判定，上申した」とある。要約すれば，管理者が人事権を行使して，個人の能力に関する勤務状態を評定すること，といえる。そのうえであらためて人事考課の定義をみると，つぎのとおりである。

　「人事考課は，人事の公正な運営を行うための基礎資料の一つとするために，従業員の執務について勤務成績を評定し，これを記録することをいう。

　そして，それは従業員が与えられた職務と責任を遂行した実績をその従業員

の職務遂行の基準に照らして評定し，並びに執務に関連してみられた従業員の能力，態度および性格等を公正に示すものでなければならない。」1)

なお，人事考課の類似語には，勤務評定，業績評価，人事査定，人事評定，人事成績などがあるが，企業用語としては人事考課が一般的に用いられていることに注目しておくべきである。また，考課をする人を考課者あるいは評定者といい，考課をされる人のことを被考課者という。加えて考課することを，評定するとか査定するともいうが，あまり厳密な使いわけはしていないようである。人事考課に関する用語を吟味する場合，アメリカにおける人事考課についての用語の変遷をたどれば，大変参考になる。

「最初はmerit ratingということばが使われ，これが人事考課にあたるものである。その後，evalutionということばが使われ，はかりで物をはかると同じような考えに立ったもので，評量とでも訳すべきであろうか。

さらに発展して，appraisalが用いられるようになった。評価にあたる語であって，単に指標や量で比較するものではなく，価値判断を加えるという意味であろう。そして現在では，performance reviewということばが用いられるようになった。仕事ぶりをその最初から終りまで，目標の立て方，計画のよしあし，努力の如何，その業績貢献度とすべてをみて判定する方式で，遂行度であるperformanceをレビュー（審査と訳すとぴったりしない）することである」2)。

このような用語の変遷をとおして，小野豊明教授は，人事考課をつぎのように考察されている。「人事考課を表わすことばが遂行度レビューへと変わっていったことは，人事考課ないし業績評価の性格が大きく変わったことを意味する。すなわち，業績評価は性格判定や人物評価でないことはもちろん，直接昇給や賞与，昇進のためのものではなく，働く人びとの能力の伸長度を判定する手段であることが明らかとなってきた。個人の業績を通して，その能力がいかに伸びたかをみることが業績評価本来の狙いとなってきたのである」3)。

2 人事考課がもたらす諸問題

　人事考課の結果がサラリーマンである部下（人々）におよぼす影響は，はかりしれないほど大きい。しかし意外なほど，考課者である経営者および管理者も被考課者も共に，このことに気づいていない。そこで，人事考課がもたらす幾つかの問題を指摘してみると，つぎのとおりである。

　(1)　サラリーマンの最大の関心事は，昇進，昇給，賞与額であるといえば異論がでるだろうか。会社人間にとって昇進，昇給，賞与額は自分の人生設計を描く際の前提条件（基礎資料）である。人事考課によって，昇進，昇給，賞与額は原則としてきめられる。それゆえに，人事考課は，サラリーマンの生殺与奪権をもっているといえるほど重要なものである。

　(2)　各企業は，人事考課がサラリーマンの殺生与奪権をもっているほど重要であるとの認識をしているか否かは不明である。

　しかし，各企業とも人事考課にばく大な工数（人員×時間）を費やしているのは事実である。1回の人事考課でも，一次考課者，二次考課者，最終考課者と3段階にわたる考課は普通であり，これを夏期，冬期の年2回の賞与額査定時と春闘時の昇給時の計3回行うとすれば，それらに費やされる工数は相当なものである。したがって，各企業では，従業員×3倍（回）の人事考課に関する事務量をも処理しなければならないわけである。このことからみても，人事考課は重要な社内行事（イベント）の一つであるといえる。

　(3)　社内行事でありながら不可解なことは，人事考課の結果が社内ですら公表しないことが当然とされている点である。

　このことは，人事考課は「採点表」的な存在であり，「懲罰記録簿」的な機能をもっていることを意味している。しかし，人事考課の結果は，本来，本人（被考課者）はもちろんのこと一次考課者，二次考課者にもフィードバック（結果に含まれる情報が原因に反映すること）すべきものなのである。

　さもないと，被考課者は自分がどの評価項目が高く（良く）評価され，どの評

価項目が低く(悪く)評価されたのかがわからないので，自分自身では悪いところを是正するきっかけがつかめないのである。景気低迷が長引きはじめた数年前，有名な某音響メーカーが突然50歳以上の管理者35人に対して事実上の指名解雇ともいえる早期退職を勧告したことがあった。そのとき，会社側が人事考課に基づいて人選をしたという説明に対して，早期退職を勧告された当事者は，「以前から人事考課の結果を知らせてもらっていれば，こんなことにはならなかったのではないか」と発言していたのが印象的だった。

　また，一次考課者，二次考課者にとっても最終考課結果を知ることは，自分の見方(部下評価)と自分の上司であるところの最終考課者との見方とのギャップが確認できるし，部下育成についても意見交換できるので大変有効なはずである。

　以上の理由から，人事考課の結果をブラックボックスの状態のままにするのではなく，社内公表する方向がのぞましいことが納得できたことと思う。

(4) 人事考課の結果を社内公表しない理由としては，長年にわたる慣習によるところもあるけれども，潜在的には評価項目に対する適切な基準を明示できない点にあると思われる。とくに情意考課の項目としてとりあげられる規律性，責任性，積極性，一貫性，協調性などは，評価基準があいまいになりがちな項目である。普通，これらは性格といわれるものである。そのために，すすんで被考課者に対して結果をフィードバックしようとする気持もそがれるし，もしも被考課者から評価基準について説明を求められたならば，会社側も考課者も窮地に追いこまれかねない状態である。

　人事考課自体がもっているこのような性格からか，全社的行事でありながら，労使ともにその結果に対して全幅な信頼を寄せあっているとはいいがたい存在になっている。したがって，人事考課によって，昇進，昇給，賞与額の査定がされる場合はもちろんのことであるが，退職勧告や自宅待機などの処遇をきめる基準に用いられるようになると，あらためて人事考課の意義(機能)が再検討されなければならないのである。いうまでもなく，不適切かつあいまいな基準

による人事考課の結果によって，被考課者の生涯設計に大きな影響をおよぼすような人事処遇に利用したならば，その結果を不服として裁判所に訴えるという事態に陥らないとはかぎらない。

筆者は，それほどまでに人事考課制度をシビアに考えて，評価項目，評価基準，評価方法などを設計すべきであると警鐘を鳴らしたいのである。

3 評価項目の検討

考課者が被考課者（部下）を考課する場合，自社の人事考課制度による評価項目ないしは基準とはかけ離れた価値観によって考課していることが多い。たとえば，考課者である管理者に，部下を評価する際のポイントをたずねてみると，「私の命令を素直に聞いてくれる人」「公私のけじめがつけられる人」「出社時間が定時より早く，退社は終業時間より遅い人」など，自社の人事考課項目にはない見方をあげる人もいるのである。それは，自社の社員像が確立されていないために生ずる問題ではあるが，考課者が各人各様の評価基準を用いていたのでは，人事考課制度自体の存在理由があやしくなるばかりではなく，両者の整合性があらたな課題となるのである。

いいかえると，社員像と人事考課項目とのギャップ（ずれ）とその人事考課項目と日常生活における評価項目とのギャップ（ずれ）を是正しなければ，人事考課の本来の機能が生かされないことを危惧しているわけである。したがって，経営者は，考課者である管理者が，平素は人事考課項目および基準とは異なるもので部下である被考課者を評価しておりながら，公式な人事考課のときだけ決められた人事考課項目および基準によって評価しているという事実に気づくべきである。さもないと，全社的行事化している人事考課に関するぼう大な業務が空転してしまい，むなしさだけが残るはずである。

このような矛盾を解決するために人事考課項目を見直そうと努力して，相当の効果をあげている会社の例を紹介しておこう。

表Ⅶ-1 評定要素（評価項目）の例

```
                                    所属
                                    氏名
 1. 制服、帽子、バッジ（名札）の着用等の身だしなみ
 2. 職場の整理、整頓、清掃
 3. 指示に対する応答、報告の迅速性、正確性
 4. 勤務中の私語、雑談
 5. 勤務中、上司に断りなく、職場を離れる
 6. 残業、休日出勤等の時間外勤務命令に対する態度
 7. 常時、始業20分前に出勤
 8. 業務改善のための提案
 9. 会社行事（旅行など）の参加
10. 会社の規定・規則の遵守度
11. 得意先との応対態度
12. 資格取得への意欲
13. 自己啓発（通信教育受講、けいこごと等）の実施
14. 地域活動への参加状況
15. 勤怠状況
16. 目標に対する実績（達成度）
17. 計画性のある仕事
18. 公私のけじめ
19. 言行一致
20. 組織的な仕事
21.
22.
23.
24.
25.
```

〔Ⅰ社の事例〕

　Ⅰ社の場合，社長が自社独自（自社らしい）の人事考課制度の定着を強くのぞんでいた。そこで考課者である管理者に対して，"部下の評価・育成の際にどのような評価基準（尺度）をもっており，それらをいかに人事考課表に記載されている評定要素（項目）にとり入れるかが重要なので，従来の人事考課表に記載されている評定要素にこだわることなく実際に部下を評価するポイントをあき

Ⅶ 人事考課制度の運用と問題点

表Ⅶ-2 管理職用人事考課表

年　期　管理職用人事考課表　所属　　　　氏名

区分	評価項目	第一次・二次考課 5　4　3　2　1	特記	考課者 一次／二次／三次
管理能力	①責任感旺盛な思考・言動をしているか			
	②業務改善のための提案・企画を積極的におこなっているか			
	③コスト意識のある仕事をしているか			
	④部下の業績を正しく評価しているか			
	⑤的確な指導・助言をおこなっているか			
	⑥説明、注意時に適切なことばを使用しているか			
	⑦報告書、文書等の文章作成能力はあるか			
	⑧組織を意識した仕事をしているか			
	⑨部下の育成を図りやる気を喚起させているか			
	⑩仕事の結果に対して、責任をとっているか			
	計			
目標管理	①目標を設定して、部下に徹底させているか			
	②目標に対して実績（達成度）をあげたか			
	③その実績により業績改善がされたか			
	計			
規律尊守度	①社則、規定等を正しく遵守して、部下の模範となっているか			
	②時間、金銭、備品等公私のけじめがついているか			
	③言行が一致しているか			
	④「決裁権限規定」を遵守しているか			
	計			
自己啓発／部下育成	①自ら資格取得をしているか又、部下に資格取得をすすめているか			
	②通信教育、放送大学等の受講をしているか又、部下にもそれらの受講をすすめているか			
	③部下に尊敬されるような自己研鑽をつんでいるか			
	計			
	合計点			

第三次（最終）考課　5　4　3　2　1

らかにしてもらいたい"と呼びかけた。

　そして，考課者である管理者が部下を評価・育成する際のポイントにしている評定要素（項目）のうち，もっとも重要であると考えられるものがアンケート用紙に記載している例示のなかにあればそのなかから5項目を選び，また例示のなかに適切なものがないと思われる場合には，自由に評定要素（項目）を加筆（記入）して，合計で5項目になるよう全社の管理者に依頼した。

　その結果，表Ⅶ-1に示した「評定要素（評価項目）の例」のうちで管理者の共感をよんだ5項目はつぎのもであった。
① 指示に対する応答，報告の迅速性，正確性
② 目標に対する実績（達成度）
③ 計画性のある仕事
④ 業務改善のための提案
⑤ 会社の規定・規則の遵守度

　また，自由に加筆（記入）してもらった項目にはつぎのようなものがあった。
① 仕事に対する責任の度合い
② 仕事に対する意欲，責任感
③ 仕事に対する姿勢
④ 新しい作業，技術等に対するチャレンジする精神，意志の強さ
⑤ 勤務態度

　これらの項目に共通している点は，責任，意欲，姿勢，意志，態度など，どちらかというと精神面を部下に期待している様子がうかがえるものである。

　Ⅰ社では，管理者に対して表Ⅶ-1の「評定要素（評価項目）の例」を示すことにより，管理者が共感する項目と自由に加筆（記入）させた項目を確認して，その結果を尊重のうえ従来の人事考課表に記載されている評価項目を再検討した。

　表Ⅶ-2「管理職用人事考課表」および表Ⅶ-3「従業員用人事考課表」は，このような一連の作業をえて作成されたものである。

Ⅶ 人事考課制度の運用と問題点　175

表Ⅶ-3　従業員用人事考課表

年　期　従業員用人事考課表　所属_____　氏名_____

考課者	
一次	
二次	
三次（最終）	

	評価項目	第一次・二次考課　5 4 3 2 1	特記	第三次（最終）考課　5 4 3 2 1
規律遵守度	①制服、帽子、名札、上履等みだしなみはよいか			
	②職場の整理・整頓、掃除を進んで行っているか			
	③勤務時間中の私語、雑談を離れることはないか			
	④上司に断りもなく職場を離れることはないか			
	⑤指示に対する応答・報告書は迅速、正確であるか			
	⑥届書の提出を迅速に行っているか			
	計			
協力度	①業務改善のための提案を積極的に行っているか			
	②業務命令・指示を的確に受けとめているか			
	③残業・休日出勤等の時間外業務命令に協力的であるか			
	④始業20分前には、余裕をもって出勤しているか			
	計			
態度	①いつも明るい挨拶ができるか			
	②丁寧なことば使いや振舞いができるか			
	③気持よい返事ができるか			
	④気配りのある仕事をしているか			
	⑤自己啓発、学習意欲は旺盛か			
	⑥責任をもって仕事の結末をつけているか			
	計			
仕事遂行度（間接部門）	①計画性のある仕事をしているか			
	②目標に対して実績（達成度）をあげえたか			
	③迅速で正確な仕事をしているか			
	④無理・無駄・むらのない仕事をしているか			
仕事遂行度（直接部門）	①手際よく（能率よい）仕事をしているか			
	②ミス、クレームをださなかったか			
	③作業基準、指示を正しく守って仕事をしているか			
	④無理・無駄・むらのない仕事をしているか			
	計			
	合計点			

〔D社の事例〕

　D社の人事考課制度は，人事考課表Ⅰ（服務態度），人事考課表Ⅱ（グループ），人事考課表Ⅲ（目標管理）の三本柱から構成されている。

　これらのうちの人事考課表（服務態度）については，従業員の互選による6名の代表からなるプロジェクト・チームによって，約6カ月をかけて検討させた。なぜならば，市販されている既製（一般的）の人事考課表では，トップが平素から評価している結果とこの人事考課表による評価結果との乖離が大きすぎて，矛盾を感じたためである。この乖離（ギャップ）は，最終考課者である役員がそれぞれ意識している評価基準（尺度）の違いによって生じていることもあると認められた。そのために当然のことながら，人事考課の結果にも大きなバラツキが生じることになったのである。このような状態のままでは，従業員各人の処遇をきめるために大胆に考課結果を適用することは不適当だと判断するにいたった。

　その結果，労使双方で社員像を明確にし，併せて評価結果をデジタル化（ここにおいては簡便に数値化と同義に用いる）するために，プロジェクト・チームを発足させたのである。

　表Ⅶ-4「人事考課表Ⅰ」（服務態度）は，上記のような経緯から作成されたものである。

　I社およびD社が人事考課表の評価項目について工夫した様子は，すでに述べたとおりである。これは大進歩であり，高く評価すべきことである。

　このつぎに取り組むべき改善事項は，点数制による評価方法である。その理由は，6．「人事考課の数値化」においてくわしく説明するつもりである。

4　人事考課の留意点

　人事考課を運用するにあたって，いくつかの留意点がある。

　多数の管理者が各自の部下を考課する際には，多数の考課者の評価基準のレベル合わせをするための考課者訓練が必要である。考課者訓練のポイントを教

表Ⅶ-4　人事考課表Ⅰ（服務態度）

年期　人事考課表Ⅰ　　所属　　　　　　氏名

評　価　項　目	一次 評価点	二次 評価点	評価点ガイド
1. 朝の挨拶、退社時の挨拶、外来者への礼儀が出来ているか			非常に優れている　5
2. 無用と思われる離席が多くなかったか、また、外出時に途中連絡や予定時間が変わるとき連絡したか、自席（職場）を離れるとき行き先が分からず探されるようなことはないか			優れている　4 普通　3 やや劣る　2 劣る　1
3. 制服、上履き等決められた場所での防塵服の着用など、みだしなみはよいか			
4. 勤務中の私語、雑談などの無駄話が多く時間の浪費はなかったか			
5. 報告、連絡、相談はいつも適切に行ったか			
6. 始業時までに自分の持ち場を整理・整頓し、定刻と同時に仕事を開始しているか			非常に優れている　10 優れている　9 　　　　　　　　8 普通　7 　　　　　　　　6 　　　　　　　　5 やや劣る　4 　　　　　　　　3 劣る　2 　　　　　　　　1
7. 職場の整理・整頓、清掃など進んで行っているか			
8. 手空きの時間は知識や技術の向上など、時間を有効に使用したか			
9. 忙しいときは残業、休日出勤もいとわないで行ったか			
10. 回りの人の仕事でも積極的に手伝ったか			
11. 作業の内容（時間、難易度、発生可能度等）から見て、ミスが多くなかったか			
総評	合計		

評価に当たっては、当該期期間内の具体的な事柄に基づき公平に、客観的に評価する。

科書風に説明すると，つぎのとおりである。

4.1 ハロー効果

　何か一つのことがよいと，何もかもよく評価してしまうという，部分的印象で全体を評価してしまうエラーを犯すという意味である。たとえば，「彼は一生懸命仕事をしている」という印象をもって，「彼は間違いなく，積極性も高く，協調性もあり，責任感も強い」はずであると関連させて評価してしまうのは，まさにハロー効果によるものである。もちろんこの場合の効果とは，よい意味で用いられているのではなく，むしろわるい影響(傾向)と同じ意味で用いられていると理解すべきである。

　このような影響(傾向)が生じるのは，事実確認をしないで，「あの人はよい」とか「あいつはダメだ」「あれは嫌いだ」など漠然とした人物評価に左右されているからである。したがって，「前期も頑張ったから今期もよいはずだ」という先入観に基づく評価は間違いのもととなるのである。

4.2 寛大化傾向

　人事考課者は，一般的には，被考課者を甘く評価しがちである。なぜならば，部下は可愛いし，親しくしており，わるく思われたくない心理が働くからである。したがって，平素は上司である人事考課者が，人事考課のときに限って部下である被考課者に対して，毅然とした態度で厳格に評価できるものではないのである。そのうえ，人事考課項目の明確な基準がかならずしもあるわけではなく，考課者自身，わが身に照らして確固たる態度で評価できるほどの自信もないはずである。このことをよくいえば，部下を追いつめることなく，将来の成長，能力の伸長を期待して，ゆっくりと見守ってあげようとする気持からその結果が寛大化する傾向になるともいえる。

　その証拠には，相対的評価であっても正規分布曲線の中心は真中よりも上(左)方向にずれる傾向にあるのである。

4.3 中心化傾向

本来，個人差をつけるために人事考課をするのだともいえる。しかし，個人的にも，また全体的にも評価結果が5，4，3，2，1の場合は中心の3に偏りがちになるものである。

この評価結果の中心化傾向は，前述した寛大化傾向とほぼ同様な事由によって生じるとみてよい。すなわち考課者が，被考課者の仕事の内容(効果)をよく理解していないため，ならびに評価基準のあいまいさから自信をもって評価することができず，"可もなく不可もなく"という中途半端な結果におわってしまうのである。

これらの諸原因はあるものの，人事考課の中心化傾向を是正させるためには，たとえば，職場全体を100％として，A-5％，B-20％，C-50％，D-20％，E-5％とするルールを適用してまでも，全体が正規分布が描けるように修正する必要を感じている。

5 人事考課の修正権

人事考課制度の健全な運用をはかるためには，「上位考課者の修正幅(範囲)に一定の制限を設ける」ことが必要不可欠である。ここでいう「上位考課者の修正幅(範囲)に一定の制限を設ける」とは，つぎに示す意味と理由によるものである。

人事考課制度では，一次考課者，二次考課者，三次(最終)考課者の三段階の考課者を定める例が多い。そして，従業員を評価する場合には，課長，部長，取締役がそれぞれに当たり，また，管理者を評価する場合には，部長，役付取締役，社長がそれぞれ担当するのが一般的であろう。

一次考課者は被考課者を直接的に指導する立場にあり，日常業務を通じて密接な関係にある上司である。

二次考課者は一次考課者の上司であり，複数(課)の一次考課者の評価結果を

調整する立場にある人である。しかし，この段階では部門の代表者として自部門の利益を優先するので，中心化傾向に寛大化傾向が加わって，全体が甘い評価になりがちである。

　一方，三次(最終)考課者は，一次考課者の評価結果をそのまま承認したか，あるいは修正した二次考課者の評価結果を，全社的立場から調整し，最終的に決定する権限をもっている人である。その過程で，一次，二次考課者の業績および人物評価(見方)をもチェックしているということはいうまでもないことである。このように，一次考課者，二次考課者，三次(最終)考課者の順序で人事考課が行われるなかで，意外に気づかれず，しかも当然のことのように，大きなミスを犯していることを指摘してその改善を促したいと思う。それは，一次考課者と二次考課者が各自の立場で真剣に評価したものであっても，三次(最終)考課者が独自の判断によって評価結果を覆す権限をもっていることに起因している。

　最終考課者が人事考課に関する最終責任者であることはいうまでもなく，このことを認めることにはやぶさかではない。しかし，人事考課における一次考課者ないし二次考課者の役割と権限を明確にしておかないと，彼らの存在理由がなくなってしまう。いうまでもなく一次考課者や二次考課者は被考課者に近い位置にいるので業務遂行の過程を熟知できる立場であり，事実把握の適任者である。それにもかかわらず，最終考課者が，彼らの事実把握は無用であるといわんばかりに無視したり，軽視して，最終権限を行使すれば，一次考課者や二次考課者が次回からはどのような姿勢で人事考課に取り組むかは容易に想像できるのである。それは，なおざりであり，形式的なものになるであろう。それでは被考課者がたまったものではなく，被害者のなにものでもない。

　そのような不具合さを是正するためには，最終考課者は，まず一次考課者や二次考課者の評価結果を尊重する気持が必要である。ついで，もしも評価結果を修正したい場合でも，その修正幅(範囲)に一定の制限を設けることに同意すべきだと思う。

ここでいう修正幅(範囲)とは，秀，優，良，可，不可の五段階を採用している会社においては，たとえば一次考課者と二次考課者が共に「良」と評価した者を，三次(最終)考課者といえども，二段階上の「秀」とか二段階下の「不可」に修正するのではなく，せめて一段階上の「優」か一段階下の「可」にとどめるべきであるという制限である。

　また，評価方法が「大変よい＝5点」「よい＝4点」「普通＝3点」「やや不満＝2点」「大変不満＝1点」という会社の場合では，修正幅(範囲)をたとえば±5％と定めておき，一次考課者と二次考課者の両者の評価結果が逆転されるような三次(最終)考課者による修正を禁止(制限)すべきであるという考えである。最終考課者の評価結果に対する修正幅(範囲)に制限を設けることに対して不満をもち抵抗感がある場合には，最初から，たとえば，一次考課者50点，二次考課者30点，三次(最終)考課者20点というように「持ち点制」にすべきであろう。

　このようにしてまでも，一次考課者や二次考課者の評価結果を重視する制度にしなければ，一次，二次の考課が形骸化するばかりか，一次考課者や二次考課者の育成はままならなくなるであろう。もしも，最終考課者が一次考課者や二次考課者による評価結果がどうしても納得ができず，大幅に修正したいのならば，その相違(ギャップ)を十分に話しあい，平素からベクトルを合せておく必要があるだろう。それでもなお，一次考課者あるいは二次考課者のうちで相違(ギャップ)が著しい者は，人事考課をする立場の職位からはずすべきである。それほどに，人事考課制度における一次，二次，三次(最終)という多面的な評価は重要であり，一次，二次考課を骨抜きにすべきではないと思うのである。

6　人事考課の数値化

　人事考課制度のよりよい運用をはかるために，つぎに考慮しなければならないことは，人事考課の結果を数値化することにより，人事考課それ自体が科学化したと錯覚しないことである。

人事考課の結果を数値化するとは，前節で示した評価方法における「大変よい＝5点」「よい＝4点」「普通＝3点」「やや不満＝2点」「不満＝1点」のことを指している。さらに，各評価項目を10点満点で採点することも含んでいる。「評価項目の検討」の箇所でも指摘したとおり，評価項目には比較的抽象的，概念的な内容のものが多いのが現状である。それらを数値（点数）化することには無理があり，不可能なことに思える。したがって，それらを点数制で評価して，その点数を集計して，さらには平均点を算出したところで，決して科学的にも，客観的にもなっていないことに気づくべきなのである。往々にして，数値（点数）化された結果だけをみると，それ自体が公平的で有益だと思いこみがちになるものである。具体的な例をあげて，その矛盾を明らかにしてみよう。ここでは，評価項目のうち「協調性」と「積極性」とを例にとりあげる。

会議の席上などで鋭い意見や諫言的な提案をする人は，ともすると煙たがれ「協調性」が欠けているとみなされやすい。ときとして，上司である自分に対して堂々と反対意見を述べる部下を，「協調性」に欠けていると評価することによって，自分の保身をはかろうとする上司がいないわけではない。また，自分の専門知識に自信をもっているスペシャリストは安易な妥協をしないので，「協調性」がないと評価されやすい。その結果，「協調性」は「非常にわるい＝1点」と評価されたとしよう。

一方，会議の席上などで熱心に積極的に発言する人は，他の人びとに比べると，明らかに「積極性」がある。したがって，「積極性」は「非常によい＝5点」と評価される。ここで，「協調性の」1点と「積極性」の5点を合計して，2項目で割って平均点の3点を算出してみても，どれほどの意味がこの3点にあるのだろうか。この例示で理解してもらいたいことは，この部下（被考課者）は「協調性」は極端に欠けているが，「積極性」は非常にある人であり，決して両評価項目が平均的（3点）ではなく，「協調性」が低く評価されていることを，教育の必要上，本人にフィードバックしなければならないということである。以上から考課者にのぞむことは，数値（点数）化のマジックにまどわされる

ことなく，評価結果を推察する能力を身につけてもらいたいと思うのである。

7 人事記録による評価

　人事考課をいかに適切に行うか。これが人事考課制度の目的であり，この制度をより効果的に運用するための要諦であることは，今さらいうまでもあるまい。しかしながら，人事考課を適切に行う施策として，考課者教育をするだけでは不十分だといえるだろう。

　その他に人間の記憶力にかかわる問題がある。人間の記憶は，通常2週間が限度だといわれている。そのために，超繁忙の人が自分の記憶力にたよることなく，手帳などを利用して日程表を作成して記録にとどめる必要性が，時間管理法から叫ばれているゆえんである。この「人間の記憶は，通常2週間が限度である」ということを，人事考課をする場合にあてはめてみると，つぎのとおりとなる。すなわち，年2回人事考課をする会社にあっては，考課者である上司は，半年間（約180日，26週間）にわたって多数の部下の業績や行動を記憶しておかなければ適切な人事考課はできないことを意味している。現実問題として，一人の上司が，26週間にわたって多数の部下に関することを記憶しておくことは，不可能なことである。したがって，よほどの工夫（施策）をしない限り，人事考課の対象事項は，約2週間以内に生起した業績や行動にとらわれやすいといえるのである。

　このような弊害を除くためには，部下（被考課者）の日常行動を記録できる「人事考課記録簿」ともいうべき「管理手帳」を管理者（考課者）に携帯させることをすすめたい。「管理手帳」はルーズリーフ式として，被考課者につき一人一葉で，表面には氏名，所属，役職名，入社年月日，最終学歴，取得資格，住所，家族構成などを記入しておく。これらはあらかじめ，人事部など所管部署が記入しておくことがのぞましい。裏面が「人事考課記録簿」といえる箇所であり，ここに当該者の主な業績や行動を日付け順に記録しておき，記憶の喪失を防ぎ，適切な人事考課を行うための資料とするものである。

8　必要な社員像の確立

　筆者は32年におよぶ実務体験のある経営学の一学徒として，かねてから企業経営における管理者の役割に注目し，その研究におよばずながら力を注いできたつもりである。つまり，管理者の職能，権限，資質，育成などを中心とした新しい視点からの経営管理論の確立を目指したいと考えているわけである。

　しかし，管理者研修において，たとえリーダーシップ論，動機づけ理論，OJT (On the Job Training)の進め方などを懸命に説いたところで，それらは所詮理論であり，隔靴搔痒の感がなきにしもあらずである。それらの理論が具体化され，結果が顕現化されるのは，部下に対する人事考課によって，部下の昇進，昇格，昇給などの処遇がきめられたときである。これが実務なのである。

　ところが，「理論と実務との結合」をはかろうとする際，この場合でいえばもっとも重要であるはずの人事考課制度それ自体が矛盾だらけで納得しかねるものであることを指摘せずにはいられないのである。したがって，本章では，人事考課のありうべき姿としては, GE (General Electric Company)のperformance reviewが参考にされるべきだと思いながらも，わが国の現状の人事考課制度を前提としたうえでの問題点と提言を試みたのである。いうまでもなく，よりよい人事考課の前提条件としては，自社社員像の確立が必要である。これを欠いては，人事考課制度自体が空転状態に陥り，一連の人事考課にかかわる作業が，いわゆるお祭り行事になりかねないのである。それゆえに，社員像の確立－人事考課－社員教育のトライアングルをどのように描くかが，経営実践上，重要かつ緊急課題であることを提言しておきたい。

注）
1）　会社業務研究会編『模範会社規提全集・人事労務編』新日本法規出版，1983年
2）　小野豊明「処遇管理」石井威望編『労務管理』日本規格協会，1988年，pp. 215～216
3）　同上

Ⅷ 新入社員の鍛え方
―新入社員研修のモデル―

　新入社員教育の目的は，学生から社会人へ，学生生活から社会人生活へと円滑に移行させる，いわゆるソフトランディング（軟着陸）させるためのものである。
　最近の学生諸君は，インターンシップやアルバイトなどを経験することによって企業の実態にふれる機会が多くなってはいるものの，現実の職場は新聞，雑誌，ＴＶなどで見聞しているものとは似ても似つかない，まさに"月とすっぽん"ほどのギャップがあるからである。多分，人気漫画の『課長　島耕作』や『サラリーマン金太郎』を熟読したとしても，そのギャップは埋まらないと思われる。新入社員は，このギャップが埋まらない限り，どのような高尚かつ高度の専門知識にも，また有益な先輩によるOJTにも耳を傾ける気持にはならないものである。新入社員教育ほど，"鉄は熱いうちに打て"とか"干草は陽のあるうちに作れ"という諺が当てはまるものはなく，初期教育がその人の一生涯を左右するほど影響力が大きく，大切なのである。それゆえに，新入社員を一日も早く戦力化したいと望むならば，"急がば回れ"のことば通り，まずは学生気分を払拭して社会人としての心構えを植えつけることである。そこで，筆者が長年にわたり試行錯誤のすえ作成したカリキュラムにもとづきながら，新入社員教育の実践を紹介し，管理者として部下育成の参考に供したいと思うのである。

1　卒業おめでとう
　研修の冒頭において，新規学卒者が多いことを前提に新入社員に対して，「卒業おめでとう」と大きな声で元気よく明るく挨拶をする。
　普通，学校を卒業すると同時に，教科書やノートを焼却してまでも学生時代

と決別して心を新たに社会人として羽ばたこうとする人が多い。それは,「卒業」ということばは,すべてを修了したという意味があると思いがちだからである。そこで,「卒業」の意味をあらためて考えてみましょうと提言すると,怪訝(けげん)な顔をする受講生が多い。英語で「卒業」とは*Commencement*といい,その意味するところは,大学卒業式や学士号授与式の他に"始める""開始"ということがあることを説明する。すなわち,卒業によって終了し断絶するのではなく,継続するために"開始"があり,社会人として会社生活を"始める"という大変意味深いことばであることに気付いてもらうのである。

2　私のモットー

モットー(motto)とは,座右の銘,すなわち,常に心にとめて戒めとする格言のことである。私は研修を効果的に進めるために,受講生に私自身の考え方の一端を理解してもらいたいとの思いから,私のモットーである「理論と実践の結婚」と「継続は力なり」を説明する。「理論と実践の結婚」は英国の経営学者L.F.アーウイックが『現代の経営者哲学』(今居謹吾訳,東洋経済新報社)において,実社会では理論と実践が乖離(かい)していることを憂いて"現代の急務の一つは,教授と科学的研究者という学園の人びとを,世の中の実際的な仕事をしている事業家と接触させることである"と説いている。すなわち,理論は理論,実践は実践と両者が対立(独立)した関係ではなく,「理論と実践が結婚(融合)」してこそ社会の進歩に貢献できるのだと主張している。

このような考え方は,東洋では古くから王陽明が唱えた陽明学の「知行合一(ちこうごういつ)」にもあり,それは"知識と実践とは相伴い一体化すべきものだ"という意味合いなのである。私自身,32年間の会社勤務を経て大学に移った経歴なので,「理論と実践の結婚」にこそ役に立つ生きた学問と実践の理論化の面白さと大切さを実感しているのである。

つぎの「継続は力なり」とは,平凡ではあるが何事も日々の努力の積み重ねが実り成功につながるので,休まずたゆまずコンスタントに仕事に取り組むべ

きだとの思いから取りあげた。ここでの「力」とは，腕力，勢力ではなく，継続すること自体が「能力」であると理解すべきである。誰れでも子供時代には，ミニカー，おはじき，ビー玉，めんこ，切手などを一度は蒐集したことがあるはずだが，それらを社会人になった今でも継続している人は稀であろう。もしも社会人になってもそれらの蒐集を継続していれば，文化的，民俗学的な価値さえ生まれる意義深い蒐集物となっているはずである。したがって，このようなたわいもない蒐集でも継続することによって価値が生じることを会得して，心して5年，10年，15年の期間を定めて継続するに価する仕事，資格，趣味を見つけることを勧めたい。

3　心に残る先輩のことば

　私自身のモットーに関する説明に続いて，私が新入社員時代に耳にして，いまだに心に残っている先輩達から贈られた「ことば」を紹介する。
　1．頭は自然に光るが靴は光らない
　"頭髪は加齢にともない薄くなり禿頭になり光るようになるけれど，毎日はいている靴は手入れをして磨かない限り自動的には光らない"とは，当時営業課長として得意先回りをしていた先輩のことばである。すなわち，すべて自然に流されていては駄目である。特に得意先では"足元をみられる"ので，手入れの必要なものは常にきちんとしておきなさいという教訓でもあった。
　2．大きな仕事をするために貯金をしなさい
　単に他人から"貯金をしなさい"といわれたならば，実際のところ大きなお世話だと反発したくなるのが人情だろう。それが"大きな仕事をするために"と条件がつけられると，何事だろうかと聞く態度になる。個人の貯金の範囲では仕事上の失敗を弁償できるはずもないけれども，貯金があるという余裕が失敗を恐れずに果敢に仕事に挑戦する気持になる。"恒産なき者は恒心なし"(一定の安定した財産のない者には常に変わらない正しい心がない)の応用版といえそうである。

3．割算ができて一人前

　義務教育の修了者ならば誰でも割算を習っており，割算の仕方を知っているはずである。しかし，この割算を仕事に充分活用しているかというと，必ずしもそうとはいえない。たとえば，期末の製品在庫棚卸をしたA君，B君，C君の3人の仕事(記帳)振りからその様子をうかがうとつぎの通りである。

	A君	B君	C君
○製品	1,000ヶ	1,000ヶ	1,000ヶ （10％）
△製品	2,000ヶ	2,000ヶ	2,000ヶ （20％）
□製品	3,000ヶ	3,000ヶ	3,000ヶ （30％）
×製品	4,000ヶ	4,000ヶ	4,000ヶ （40％）
		10,000ヶ	10,000ヶ （100％）

　ここで注目してもらいたいのは，A君は事実を記入しただけ，B君は意味があるなしにかかわらず足し(＋)算し，C君は比率(％)を算出するために割算をしていることである。多忙な管理者にとって絶対値も重要であるが，それよりも比率(％)によって全体の状況判断をする場合が多く能率的なのである。たとえば，売上の前月比，前年同月比，原価構成比率，目標(計画)達成率などは，割算をしなければ数値がでないのである。

　したがって，質の高い仕事をするためには，頻繁に割算を使わなければならないことが理解できたと思う。

4．早過ぎて早過ぎることはない

　われわれの生活の中では，待合せ時間，約束の時間，納期，締切日，決済日，開始時間，発車時間など一定の日時が制限されることが多い。それゆえに，一定のリズムに乗って規則正しく仕事や学習ができる反面，絶えず時間に追われて気忙しく過している人がいることも確かである。そのような人には，限られた人生の持時間を有効に過すためには，処理すべき物事の優先順位をしっかりと定めて上手な時間の使い方を心掛けるべきだと助言したい。さらに時間に対する主導権をえるためには，一定の制限された日時よりも早目の〝自分の定め

た時間"を設定することを勧めたい。ここでいう"自分の定めた時間"とは，一例として締切日にこのことをあてはめるならば，締切日の当日ではなく，今日から締切日までの期間中が"自分の定めた時間"と考えるのである。そうすれば"明日の生命はないもの"と考え，即決，即行により締切日以前に書類などが完成し納入（届出）ができるのである。もしも納入後に不備な点に気づいたとしても締切日以前なのだから十分手直しをする時間があるわけである。遅過ぎて失敗や損失を蒙ることはあっても，早過ぎて失敗や損失を蒙る確率は少ないことを知るべきなのである。

4　職業観の確立を目指せ

　就職して給料をもらうことになる新入社員が明確に自覚しなければならないことは「職業観」についてである。なぜならば，最近では「職業観」ということばが死語になったのかと思うほど関心が薄いからである。「職業観」とは，職業の価値，意味，影響力を含めて自分が就く職業をどのように位置づけて認識しているか，いいかえると自分は仕事を通じてどのように生きるか，まさに人生観を問うことになるからである。

　しかしここでは「職業観」について大上段に構えて説明するのではなく，私は，つぎの7項目の説明によって自然に各人が自分の「職業観」を会得してもらいたいものと願う者である。

　1．なぜ働くのか

　「金銭を稼ぐため」，「自分の個性や能力を発揮するため」，「社会に貢献するため」のいずれの答でもよい。はっきりした考えを持ち目的を明確にして働くことが必要だ。

　しかし，"なぜ働くのか"という問いに対して，「考えたこともない」とか「わからない」とかと答える人もいるが，この人達は社会人としては失格である。出発点に戻って出直す必要があるのではないだろうか。

2．自分自身のために働け

今度は"誰れのために働くのか"という問いに対する解答である。

戦前ならば，「お国のため」や「家のため」に働いた人が大勢いたはずである。今でも「会社のため」や「家族のため」に働いている人がいると思う。

しかし，"自分自身のために働く"以外の「○○のため」に働くということは他律的であり責任も他に転嫁するような感じをうける。したがって，自分自身はいつでも，どこでも，ごまかすことなく忠実に振舞えるので，ぜひとも"自分自身のために働く"ことを勧めたい。

3．かけがえのない人になれ

はじめに，"かけがえ"の意味を広辞苑で確認すると，「用意のために備えておく同種のもの。予備，かわり，ひかえ」である。したがって，"かけがえのない人"とは，かわりがいないほど有能な人という意味になる。野球に例をとれば，ピンチヒッター（控え選手）では代役が勤まらないほどの力量のある選手を指している。

会社には大勢の社員がいる。ライバルの同期生もいる。この中で頭角をあらわすには，"君にしかできない特技をもつこと"を勧めたい。「この仕事は○○君に任せたい」，「○○君がいないと困る」，「○○君ならどのように処理するだろうか」と上司からいわれる人になってもらいたい。その特技は，整理整頓，レイアウト，清掃など，どんなに小さい仕事でもよい。

一芸に秀でることが大切なのである。

4．プロ意識に目覚めよ

普通，プロ（性格にはプロフェッショナル）といえば，プロ野球，プロゴルフ，プロテニス，プロサッカー，プロバスケットボールなどの選手のみを連想しがちである。プロとは提供した役務に対して報酬をえる人のことをいい，それに対してアマ（アマチュア）は，無報酬であることが決定的な違いである。したがって，会社，官公庁，学校などに勤めている人びとが給料をもらっているならば，全員プロなのである。しからばプロとして，給料に見合った貢献をしてい

るか否かを各自で判断し，反省してもらいたい。

　昔，某野球監督が選手達に向って，ジェントルマンに引っ掛けて"銭とるマン（お金がとれる人，観客を呼べる人）になれといったと伝聞している。

　選び抜かれ，素質に恵まれた優秀なプロ選手でさえも，オフシーズンには黙々とトレーニングに励み，来たるべきシーズンに備えている様子は，われわれのよく知るところである。したがって，勤め人すべてがプロであるとの自覚のもとに，プロとして恥しくない仕事ができるよう日ごろからの切磋琢磨することが必要なのである。

　5．遠くの花（芝生）はきれいに見える

　春になれば樹々の葉や花が，また花畑や芝生が新鮮な風景をもたらしてくれる。特にそれが遠景であれば，1枚の高価な絵画以上に美しくみせられるものだ。

　しかし逆に現場に足を踏み込んでみると，枯木や倒木はあり，害虫や農薬による裸土の箇所もあり，遠景で眺めている程実際はきれいではない場合が多い。この状況は自分が勤務している会社よりも，詳しい実情がわからないながらも他社をうらやましがり，よくみえることと同じである。したがって，同級会や異業種の人びとの会合などで話題になった他社の様子に惑わされて，安易に転職しようとするのは愚行といいたい。なぜならば，多くの人びとは自社のことは美化し，誇張しがちなことを承知の上で割引きして聞く必要があるからである。

　6．3ヵ月，3年，7年目のピンチ

　つぎは3ヵ月，3年，7年目の倦怠期について説明しよう。

　入社後3ヵ月になると第1次新入社員研修も終り配属先の人びととの名前と顔とが一致するようになり，職場にも通勤にも慣れて極度の緊張感から開放される時期である。3年目は，担当業務に精通しはじめ他の業務にも関心を寄せる余裕さえ生じる時期である。入社以来人事異動もなく7年目を迎えた人にとっては，仕事にも職場にも慣れすぎてマンネリに陥る時期である。この時期は，

年令的には結婚する人も多く，会社によってはそろそろ役職につく者も出て同期生の中でも資格，昇給額に格差が生じはじめるのである。このように3ヵ月，3年，7年目という時期には，それぞれの理由によって転職を考えたり，仕事への取り組み方に疑問をもちはじめる人が多いのである。

私は，決して長年勤続をすすめるつもりはないけれど，この時期に到達したならば立ちどまって将来構想を含めて熟考することを勧めたいのである。

"石の上にも3年"を忘れずに。

7．仕事のやり方(基礎)をマスターせよ

どのように働くべきか，社会に貢献する仕事は何かなどの高尚なことでも，また仕事が楽しいか，つまらないかというレベルの問題でも，その分岐点は本人が仕事のやり方(進め方，手順，構築方法)を熟知しているか否かにかかっていると思う。

仕事のやり方は，Plan-Do-See，情報の蒐集の仕方と時期，報(告)―連(絡)―相(談)の内容と時期，プレゼンテーションの時期と方法，報告書の表現方法と形式など総合知識と応用力に負うところが多い。

5　学生（学校）と社会人（会社）の相違

既述したとおり，新入社員教育の主目的は，会社での職務を円滑に遂行させるためである。そのために，まずしなければならないことは，学生から社会人になったという自覚を促すことであり，意識改革をさせることである。そこで，目的，組織，構成員，経済，業務，評価，時間などの項目について，学生として所属していた学校と社会人として所属する会社とを対比しながら考えさせて，両者の相違点を明確にさせるのである。

なお，新入社員教育に際しては，上記の項目のみを提示して，学生(学校)を社会人(会社)の欄に受講生が解答を記入する方法をとることが効果的である。

様式と解答の一例を示すと，表Ⅷ−1のとおりである。

表Ⅷ-1　学校（学生）と企業（社会人）の相違点

項目	学校（学生）	企業（社会人）
目　　的	勉強を通じて知識・技能を修得する	仕事を通じて会社目標を達成する
組　　織	構造が単純	構造が複雑
人間関係	利害関係が単純	利害関係が複雑
年　　齢	同年輩	若者から高年齢者まで
期　　間	数年で卒業	約40年在社
経　　済	授業料を払う	給料をもらう
指　　導	教師	上司
行　　動	個人	チームワーク
評　　価	試験	人事考課
責　　任	なし	あり
時　　間	ルーズ 自由時間が多い	厳守 自由時間が少ない
休　　日	多い	少ない

6　時間管理

　社会人として，自分自身の時間管理が上手にできるか否かは，優秀な社員になるための最低条件である。なぜならば，企業ではつぎに示すように，時間で測定することがたくさんあるからである。

１．Time is Money

　会社生活は，すべて"Time is Money"だといえる。たとえば，仕入代金や給料の支払期日が遅延したとすると，経営不安説が流布されたり信用をそこなうことになりかねない。また，遅刻・早退をすれば賃金カットによる実損が生じる。

　さらに，面会の約束をした場合には，道路混雑や交通事情を考慮して約束時間の15分前に到着するくらいの余裕が必要だし，会議・会合に遅刻すれば，大勢のメンバーの時間を無駄にしてしまい，その損失時間をコスト計算すれば

"Time is Money" ということが実感できるはずである。

2．コスト≒能率

上記のとおり会社においては，時間はコスト（原価），なかでも能率との関係で重要視される。すなわち，能率(生産性)は時間当りの生産数，また時間当りのワープロ投入数で測定されるように，あくまでも時間が単位なのである。原価計算における加工費も工数×賃率で計算されるのであるから，やはり「時間当り」が基準なのである。

3．余暇時間の使い方

社会人になると拘束時間が長くなり，余暇時間の有りがた味が身にしみるはずである。余暇時間はつぎの算式で算出することができる（人生80歳の場合）。

```
       人生の総持ち時間        700,800
  (－)  生活必要時間          240,000
  (－)  労働拘束時間          170,000
       ─────────────        ─────────
       余暇時間              290,800 ≒ 33年
```

人生の総持ち時間は高齢化社会の到来，平均寿命の伸びに示されるとおり増大するのに反して，生活必要時間はＩＴ革命の恩恵もあり通信，家電，交通機関などの発達によって短縮される一方，労働拘束時間もまた，国民祝日の増加，長期休暇制度の定着の他，労働時間の短縮が週40時間の法制化やフレックスタイム制，交代勤務制による時間外労働時間の減少により実現しつつあるので，ますます縮小される傾向にある。その結果，この算式で明らかなとおり，引算の解にあたる余暇時間は増大することになる。要はこの余暇時間をどのように有効に過ごすかによって，社会人としての幅ができるか，いいかえるとアイデンティティが涵養されるかにかかっているのである。

7　好感人間になろう！

学生のうちならば少々の我儘や単独行動をしても許される場合であっても，社会人としては許されないことが多い。社会人は組織の中で仕事をするために，

大勢の人びととの協調，協力が必要なので人間関係が重要視されるわけである。良好な人間関係を築くために大切なことは，"他人に好かれる"ことと"他人を好きになる"ことである。そこで，"他人に好かれる"人とはどのような人のことをいうのかを知らなければならない。すでに，Ⅰ「管理者論の確立と管理者育成」で人間的魅力を論じた際に，その類似項として本明寛教授による「好感人間」をとりあげてあるが，その重要性にかんがみて再記するとつぎのとおりである。

　要は，"他人に好かれたい"という漠然とした願望では何んの手懸りもえられないが，「好かれる」要因は何んであるかを分析することによってはじめて具体像をつかむことができ，もしもその要因を満たしていないならば，それを自分の努力目標とすべきなのである。

8　事務は"字務"と心得よ
1．読み，書き，そろばんの能力を高めよう

　会社では，総務，経理，企画などのいわゆる事務部門はもちろんのこと営業，技術，生産などのいずれの部門に配属されても，起案書，稟議書，報告書，議事録などの作成や伝票類の発行など，いわゆる「事務」に携わる機会が多い。それらの「事務」をワープロで処理するか手書きかを問わず，その際に必要とされるのは国語能力であるので，「事務」に対して「字務」という当て字を用いたいほどである。

　したがって，昔から教育の基本といわれている"読み，書き，そろばん"は事務処理能力の基本でもあるので，平素から関心をもって精進することが肝要である。なお，最近では"そろばん"があまり使われなくなったので，"読み，書き，話す"と変更してプレゼンテーション能力を重視するのもよし，また"そろばん"を計算能力，合理的判断能力と広義に解釈するのも一方法であろう。いずれにせよ，事務処理能力が効率的なマネジメントをおこなううえで不可欠であることに気づくべきである。

2．誤字，当て字に要注意

書類に誤字，当て字があれば，その訂正や校正をするために無駄な時間が費やされる。ともすると原文(案)の出来がわるいにもかかわらず，それに気づくことなく，その訂正や校正をすることが仕事だと勘違いをしている人もいるほどである。ワープロの画面に同音異義語が表示される場合でも，その中から適切な文字を選択できる国語力は不可欠なのである。たとえば，テキカク(的確，適格)，カンシン(関心，感心，歓心)，セイサン(清算，精算)，テキヨウ(摘要，適用)など正確に使いわけができるだろうか。

国語辞典を手許において面倒がらずにそのつど確認する以外には"王道"がないのである。

3．分ち書きをやめよう

横書き，縦書きのいずれを問わず文章を書いていくと改行することに突き当たるが，その際注意したいことは，1行の字数が決まっているからといって機械的に詰め込んでしまうと，一つのことばが不適当な箇所で区切られて読みづらくなることである。

分ち書きとは，広辞苑によると①文を書く時，語と語との間に空白を置くこと。また，その書き方。②2行に分けて書くこと。注などを本文中に書き入れるときにしるす。わりがき。とあるが，ここでは"2行に分け書くこと"をやめようといっているのである。

「べんけいがなぎなたをもって……」という文章が句読点がなければ読みづらいのと同様に，一つのことば(熟語なども)を改行によって2行にまたがれば，意味不明になるか，読み誤まる可能性が高いのである。

したがって，行の末尾は不揃いになっても会社案内，営業報告書など社内外で作成する書類にも徹底して読みやすくしてもらいたいところである。

9　自分自身に投資せよ！

社会人になったならば，自分自身で成長する方法を模索すべきである。なぜ

ならば，技術革新が早ければ早いほど，既得知識の陳腐化が激して，すぐ役に立たなくなるからである。これからの時代は，学習しなければ収入がえられなくなることは確実で，生涯学習が注目されるゆえんである。

そこでここにおいては，自分自身の成長に役立ち，スケールの大きい人間になるための基盤となると考えられるヒントを述べておく。

第一は，日常生活の基本である衣，食，住に関心をもち，それらにこだわる位に大切にすることである。たとえば，衣(服装)については特定のブランドにこだわって豪華一点主義を貫くこともよし，食では名店で本物の料理を食べることによって味覚を鍛えておくのである。住(住居)では家具，調度品，レイアウト，内装にも細かい気配りをして，それらに自腹を切ることを勧めたい。

第二は，生涯楽しめる趣味を若いうちから意識的にもつことを勧めたい。ともすると，どのような趣味をもつようになるかは，職場，家庭，交友などの影響によってきまる場合が多い。このように自然発生的な趣味を，ある時点で見直して将来共に自分に適したものであるならばそれに集中的に投資すべきである。

第三は，脳に栄養を与えるために，最低月2〜3冊の読書を勧める。そのために新聞に掲載される図書広告・書評を克明に読んだり大型書店に毎月1〜2回は足を運んで，新刊書の傾向を自分自身で確認する必要がある。このような習慣がいかに大切であるかは，10年後，20年後になって歴然とあらわれるのである。

10 ほうれんそうと念のため

「ほうれんそう」とは，報告の「報」，連絡の「連」，相談の「相」をとって，「報，連，相」と続けて表現したものであり，会社で仕事を円滑に進めるために励行してもらいたいことの一つである。仕事の内容も進め方も，そのうえ組織の命令系統もよくわかっていない新入社員時代は，"聞くは一時の恥，知らぬは末代の恥"ということばを思い出し，上司に「ほうれんそう」を頻発にお

こなうべきである。普通,「ほうれんそう」を適時適切におこなえといわれても,いつが適時で,何が適切なのかがわからないままタイミングを逸する場合があるので,上司にうるさがられる位に「ほうれんそう」をやって丁度よい。なかでもむずかしいのは,報告の時期であり,仕事の決着後だけではなく,ぜひとも途中経過を報告する,いわゆる中間報告をすることを忘れないでいてもらいたい。

この「ほうれんそう」が習慣づいたならば,そのつぎに確認をすること,念を押すこと,すなわち「念のため」を忘れないで実行してもらいたいと思う。なぜならば,確認を省いたために大きなミスを犯してしまい,今までの努力を水泡に帰してしまった例を多く知っているからである。たとえば,アポイントをとった相手を訪ねる場合は電話で,計算をした時は検算を,作文は読み直すなど,少々の労力を惜しむことなく「念のため」の時間をもつことを勧めたい。

11 自社を知ろう

新入社員教育で有効なのは,社員教育の土台に相当する自社の歴史(社史)を教えることである。"温故知新"(ふるい物事を究めて,新しい知識や見解を得ること—広辞苑)のことばが教えるとおり,社史を知ることによって自社の経営理念,経営陣,組織および製品の変遷,経営施策の成功事例など多くのことを学ぶことができるのである。そのうえで,得意先名,仕入先名,製品名などを覚えれば,とりあえず,社外からの問い合せには対応できるようになり,同期生の仲間から一歩先んじられることは請け合いである。

この他,教育担当者も新入社員もうっかりしてはいけないことは,社内用語とでもいうべき特殊語が意外に多く社内に氾濫していることを知るべきである。それらは業界特有の用語もあればその社内でしか通用しない用語もあるが,いずれにせよ,それらが理解できなければ円滑に仕事を進めることはできないのである。したがって,この問題を解決するためには,先輩社員を動員して『社内用語集』を作成し,それを教材として使用することが得策である。

索　引

あ　行
アーウィック, L.F.　148
アイコンタクト　65
占部都美　119
M&A　1

か　行
海軍士官　25
海軍兵学校　23
活性化の原則　36
管理階層　34
管理機能　14
管理者　5
管理職の範囲　11
機能別組織　37
クーンツ, H.　144
経営官僚　8
経営管理　122
経営計画　109
経営文化　2
継続は力なり　186
考課者　168
好感人間　19
行動科学　137
コマンダースピリット　21
コンティンジェンシーセオリー　22

さ　行
再編成の原則　36
時間管理　193
自己管理　139
資質育成　95
社員像　171
社会主義市場経済　113
少子・高齢化　1
職業観　189
職能的組織　35
生命技術　1
組織原則　32

た　行
ダイアローグ　63
高宮晋　122
長期経営計画　113
TPO型組織　56
ディベート　63
等高線型組織図　55
ドラッカー, P.F.　137

な　行
人間的魅力　19
人間理解　21
ネフットワーク　1

は　行
非言語表現　65, 73
非言語メッセージ　74
非考課者　168
評価項目　171
フォレット　16
藤芳誠一　14
プレゼンテーション　59
プロ管理者　24
プロジェクト・チーム　44
プロジェクト組織　44
文化　1
ポリシィ　122

ま　行
マクレガー, D.　149
マトリックス型組織　46
マネジメント・パワー　7
マネジャーシップ　88
目標による管理　137

や　行
山田雄一　88

ら　行
リーダーシップの資質　91
理論と実践の結婚　186
ローリング型　117

著者紹介

長坂　寛（ながさか　ひろし）

1934年	東京生れ
	立教大学経済学部卒業
	立教大学大学院経済学研究科修士課程修了
	明治大学大学院経営学研究科博士課程修了
1957年	スタンレー電気株式会社入社
	秘書課長，調査室長，社長室長等を経て1978年取締役に就任，1989年取締役を辞任
現　職	松蔭大学大学院教授　学長補佐
	経営学博士

主要著書　『管理職の研究』『能力開発』『人事管理自由化論』（共著）『スタッフの役割と課題』（共著）
　　　　　　　　　　　　　　　　　　以上，ダイヤモンド社
　　　　　『ヨコ割り組織』『企画部課長の実務』
　　　　　　　　　　　　　　　　　　以上，日本経営出版会
　　　　　『経営学総論』（共著）『人事・労務管理論』（共著）　　　　　　　　　　　　　以上，同文書院
　　　　　『労務管理論』（共著）日本規格協会
　　　　　『働く女性の味方です』（共著）ぎょうせい
　　　　　『男女共同参画と女性労働』（共著）ミネルヴァ書房
　　　　　『管理者のための実践経営学』マネジメント社

革新経営へのミドルの道　2001年5月20日　第一版第一刷発行
　　　　　　　　　　　　2008年1月30日　第一版第二刷発行

著　者　長　坂　　寛
発行所　㈱学　文　社
発行者　田　中　千津子
　　　東京都目黒区下目黒3-6-1 〒153-0064
　　　電話 03 (3715) 1501　振替00130-3-08842
落丁・乱丁本は，本社にてお取替えします。
定価は売上カード，カバーに表示してあります。
ISBN 978-4-7620-1062-0　　Ⓒ 2001 NAGASAKA Hiroshi Printed in Japan
印刷／シナノ印刷株式会社